CB122222

Salmos

DA VIDA NOVA RENASCIDA

SALMOS DA VIDA NOVA RENASCIDA

Copyright © Raja Marausha

1ª edição: Abril 2025

Direitos reservados desta edição: Citadel Editora SA

O conteúdo desta obra é de total responsabilidade do autor
e não reflete necessariamente a opinião da editora.

Autor:
Raja Marausha

Preparação:
Debora Capella

Revisão:
3GB Consulting
Iracy Borges

Projeto gráfico e capa:
Jéssica Wendy

Impressão:
Plena Print

DADOS INTERNACIONAIS DE CATALOGAÇÃO NA PUBLICAÇÃO (CIP)

Marausha, Raja
Salmos da vida nova renascida : livre-se do passado e comece a ser feliz / Raja Marausha. — Porto Alegre : Citadel, 2025.
256 p.

ISBN: 978-65-5047-606-9

1. Desenvolvimento pessoal 2. Autoajuda 3. Espiritualidade I. Título

25-1042 CDD - 158.1

Angélica Ilacqua - Bibliotecária - CRB-8/7057

Produção editorial e distribuição:

CITADEL Grupo Editorial

contato@citadel.com.br
www.citadel.com.br

PAZ, TRIUNFO
E ALEGRIA

Salmos

DA VIDA NOVA RENASCIDA

LIVRE-SE DO PASSADO E COMECE A SER FELIZ

RAJA MARAUSHA

O CRIADOR DA FILOSOFIA DA ESPERANÇA

CITADEL
Grupo Editorial
2025

Os livros de
Raja Marausha
são para um
mundo melhor...

Sumário

Todas as religiões

O texto dos *Salmos da Vida Nova Renascida* não tem nenhuma pretensão religiosa, não tem compromisso com seitas, igrejas, cultos, grupos ou movimentos filosóficos, tampouco qualquer religião. Trata-se de um texto espiritual ecumênico, de todas as filosofias e religiões, que visa principalmente despertar o leitor para o seu valor individual, livre de todas as dependências, e para a consciência de que é filho de Deus. Os Salmos visam motivar as pessoas a terem fé e confiarem em si mes-

Os Salmos visam motivar as pessoas a terem fé e confiarem em si mesmas.

mas, a conseguirem uma poderosa autoconfiança e segurança interior – a fim de enfrentarem com alegria este mundo e viverem vitoriosas, bem-sucedidas, sadias e úteis aos seus semelhantes. Porque a Riqueza Interior pertence a toda a humanidade…

“A Riqueza Interior pertence a toda a humanidade.”

Leitura diária para reflexão

Por Raja Marausha

Nós somos da Religião Interior, a Filosofia da Esperança. Não temos templos nem igrejas. Nossos templos são os nossos corações.

Lidamos direto com Deus. Nossa alma é um transmissor-receptor que tem ligação direta com o Cosmos – e que sintoniza também o Grande Mestre Jesus Cristo, nosso Salvador na Terra.

Foi o próprio Jesus que lançou a Religião Interior, há quase dois mil anos, quando disse:

“O Reino de Deus
está dentro de vós,
dentro de cada um.”

Quando rezares, entra em
teu aposento, tranca a
porta e reza secretamente
a Deus Pai, que assim
Ele te atenderá.

Pequena conversa inicial

Sozinhos nós não conseguimos nada. Mas seja de que religião formos, ou sem religião nenhuma, somente com ajuda de DEUS conseguiremos vencer qualquer problema.

E, mesmo sendo ateu ou agnóstico, não acreditando em Deus, o Poder Cósmico, criador de tudo que existe, mora dentro de nós, queiramos ou não. Nosso corpo é animal, material irracional. Mas nossa "essência de vida" é espiritual, doada por Deus ao nascermos. Somos filhos legítimos de Deus, mesmo sendo maus ou errados, pecadores e conflitantes.

O Poder Cósmico de Deus está em nós, faz parte de nós e de nosso EGO, certo ou errado. Ou, então, estamos mortos; a morte do corpo humano é a ausência, o afastamento da ESSÊNCIA de DEUS.

É gratuito, não pagamos nada para termos essa ALMA DIVINA. Tudo é mistério do AMOR, mesmo quando a força santificante satisfaz uma camponesa simples sem precisar de nenhuma técnica.

A graça de Deus já diz: é GRÁTIS. Nem precisa de súplicas ou pedidos, de devotas e piedosas orações em capelas ou templos. Nem religião nem seita nenhuma tem a EXCLUSIVIDADE de Deus, do amor infinito da essência cósmica.

Somos livres. E nossas graças, que muitas vezes nem sabemos ter, não são por merecimento, nem conseguidas à força religiosa.

É claro, óbvio, evidente que ser mais espiritual do que material nos traz grandes vantagens, e até milagres.

Mas só a técnica, a aparência, o exterior e até muita oração decorada, meditação sem sentimento etc., só isso, sem a GRAÇA DE DEUS, não valerá nada, não fará nada de positivo por nós.

A graça
de Deus já diz:
é GRÁTIS.

Somente posso dar aquilo que tenho

Todo mundo tem problemas. E, às vezes, a nossa vida fica muito complicada. Foi pensando nas preocupações das pessoas que escrevi este livro.

Todo mundo sabe que, para Deus, nada é impossível. Nada. Ele criou todo este fabuloso Universo e nos criou como gente na Terra. Sua "essência de vida" está dentro de nós, senão seríamos meros seres animais irracionais, sem mente criadora, sem imaginação nem emoção sentimental, simples bichos.

A FÉ nada mais é que a consciência viva da presença de Deus no próprio íntimo. Todo aquele imbuído de tal FÉ não precisa de mais nada.

Seja qual for a situação, a presença do Poder Cósmico em nosso interior se traduz por uma sensação de paz e tranquilidade. Quando rezamos, em orações simples e até solitárias, quando oramos usando as palavras que queremos ou os assuntos que nos preocupam, coisas maravilhosas depois acontecem. Não sabemos quando Deus vai agir para nos atender, nem onde e como. Mas o Poder Cósmico registra nossos pedidos e jamais deixa de nos atender.

Digamos, por exemplo, que nossa vida está cheia de complicações. Ou que andamos errando, muito ou pouco. Que estamos infelizes, deprimidos, solitários, abandonados, sem dinheiro nenhum, com a saúde abalada, seja lá o que for. Tudo bem. Rezamos e, antes de suplicar ou pedir ajuda de Deus, devemos AGRADECER profundamente e por antecipação a ajuda do Poder Máximo ao nosso (ou nossos) problema(s). Ao pedir, já agradecemos a Deus. Isso é a nossa FÉ convicta e vencedora.

“Devemos AGRADECER profundamente e por antecipação a ajuda do Poder Máximo ao nosso (ou nossos) problema(s).”

A mudança

Eu não posso mudar o mundo. Não posso mudar os governos, nem acabar com a corrupção, o roubo e o crime que campeiam soltos e livres. Não posso acabar com o tráfico de drogas, nem mudar a vida em farrapos dos toxicômanos. Não posso acabar com as guerras nem com a fome que assola o mundo. Nem com a miséria que joga na lama o nosso povo. Não posso mudar pessoa alguma, mesmo porque é quase impossível a gente mudar outra pessoa. Mas eu posso mudar a MIM MESMO, posso mudar a minha própria pessoa para muito melhor. Depende apenas de mim.

*

Eu não posso alterar os acontecimentos da vida. Os acontecimentos da vida não estão em minhas mãos. Não tenho absolutamente nada a ver com os acontecimentos da vida ou com as atitudes das pessoas e dos governos. Não posso mudar outras pessoas, não posso mudar ninguém. Não posso mudar seus pensamentos nem seus sentimentos. Não posso mudar seus gênios ou suas personalidades, nem seus caracteres.

A única coisa que posso fazer na vida é mudar minha reação aos acontecimentos da vida e à conduta das pessoas.

*

Todos os erros do passado existiram porque vivemos com o EU falso até agora. Mas você pode mudar tudo e ter uma VIDA NOVA, plena de acertos, êxitos, saúde, prosperidade e paz de espírito, vivendo com seu EU verdadeiro e mais espiritual, poderoso e perfeito, ligado à Força Cósmica de Deus.

Seja uma pessoa completamente transformada. Mude, a partir de agora, seus pensamentos e suas atitudes mentais, seja esperançoso, positivo e otimista. Acredite no seu imenso poder interior.

O EU verdadeiro é, como explica a Filosofia da Esperança baseada no Novo Testamento, o Reino do céu em nosso íntimo. É o nosso Eu interior e superior, a Divindade no homem. Porque somos espírito e alma, perfeitos e eternos. E este nosso corpo nos foi emprestado para a vida aqui na Terra.

Eu terei coragem para as mudanças. Quero ficar livre dos erros do passado e procurar não errar mais, vivendo pelo MEU EU verdadeiro sintonizado com DEUS PAI.

Visualizo um plano de vida. Crio mentalmente uma NOVA VIDA para mim mesmo e torno-me o que penso, o que desejo ser...

Eu posso, eu quero, eu acredito, eu tenho fé. Obrigado, Senhor. Com meu poder interior do EU verdadeiro, ligado ao Cosmos, consigo realizar tudo o que desejo, imagino, visualizo e acredito.

Eu posso, eu consigo. Sou filho de DEUS, que me protege e ilumina sempre. Eu consigo... Sou agora uma nova pessoa, renascida no espírito.

*

Se eu procurar ser apenas "eu mesmo" como sou de fato, física, mental e espiritualmente, sem teatros nem imaginações, nem aspirações ou mentiras, mas autêntico e com a consciência limpa e o coração puro de conflitos, ilusões, egoísmos e vaidades; se eu procurar ser apenas "eu mesmo" e viver uma vida real com simplicidade e as coisas de que gosto de fato (sem alucinações, nem paixões ou apegos), então serei uma pessoa superfeliz e com uma profunda paz de espírito! Serei destituído de todos os negativismos e enganos do mundo.

Não terei medos nem preocupações. Ter medo de quê? Preocupar-me com o quê? Se tudo o que sou e tenho, por pouco que seja, já me basta, por que haveria eu de sofrer? Está tudo bem...

O que importa não são os dias que vivemos até agora; o importante são os dias que ainda viveremos. O passado já passou, não volta nunca mais e não interessa de forma alguma.

Aquela pessoa que vivia errada era meu EU falso, material, sem poder algum, fraco, orgulhoso, iludido. Agora renasci para uma VIDA NOVA com um EU verdadeiro e mais espiritual, menos material, poderoso, forte, simples e sem mais nenhuma ilusão ou paixão passageira e fugaz.

E pense você mesmo assim: "Quero que meu futuro seja feliz, próspero, com saúde, alegria de viver e Paz de Espírito, Deus está comigo, e eu agora estou com Deus".

Sei que a gente sempre colhe o que planta. "Já preparei a terra nova. Ela está fértil e verdejante, pronta para novas maravilhosas colheitas no futuro. Vamos plantar flores perfumadas no nosso jardim."

O que eu tinha que errar, já errei. O que tinha que aprender, já aprendi. O passado já passou e não volta nunca mais.

*

Enquanto o homem não renascer em espírito, numa vida nova, consciente de que é ESPÍRITO, e não corpo (que tem o corpo apenas como expressão terrena); e enquanto, assim renovado, não sintonizar o Poder Cósmico de Deus Pai, pouco vale tudo quanto sabe e tudo quanto tem.

Se essa verdade libertá-lo, será inteiramente livre e poderoso! Não terá medo algum, porque o medo é a ausência de Deus.

Sintonizados com Deus Pai, através da consciência do Espírito e de uma vida correta, não sentiremos medo, ansiedade; nem hesitação, nenhum receio do mundo material ou dos homens.

Seremos amigos de Jesus, e o Cristo será nosso Grande Mestre e maior amigo. Saberemos que estamos envolvidos e abraçados pelo amor de Deus.

Livre-se de seus erros. Uma consciência limpa tem a presença mística dos mestres espirituais do Reino Cósmico de Luz.

*

E a presença do Senhor me estabelece na paz...

Por favor, Senhor, liberte-me do meu passado e queime todos os meus pensamentos negativos no fogo do conhecimento espiritual.

Com sua defesa, Senhor, acabarão os erros negativos do meu passado, e eles não influirão no meu futuro. Porque está dando, em troca do meu arrependimento, uma NOVA VIDA, renascida.

Eu começo a partilhar agora o caminho da Luz...

Não quero pensar mais no passado. E nunca estou só. Não sou dependente de nada exterior ou simples matéria. Toda busca da iluminação consiste em procurar no próprio interior, em dar-nos conta de que somos completos em nós mesmos.

Eu sozinho, com Deus, me basto. Aconteça o que acontecer, em qualquer situação, nunca precisarei estar só, nem depender de nada do passado.

Um novo horizonte me acena com novas ideias e realizações. Cristo luta junto comigo, e não perderei a batalha.

É fácil ser feliz

Se você quer ser feliz... e pensar e agir corretamente, o problema está com Deus, que o ajuda a ser feliz. Mas se você não quer ser feliz, o problema é seu, absolutamente seu.

Deus não tem nada com isso! Basta você pensar e agir erradamente com vários tipos de erros, tão comuns no mundo onde vivemos. E será muito infeliz.

É muito fácil ser FELIZ, mas você tem que querer, acreditar e ser merecedor de ter alegria de viver, com PAZ de espírito.

Nós colhemos exatamente a espécie de coisa que plantamos. Não adianta semear capim e querer colher maçãs ou flores no lugar! Isso é impossível. A lei de causa e efeito da natureza e do homem não falha nunca.

Se você for mau, colherá maldades. Se for bom e ajudar os outros, colherá bondade, amor e gratidão. É tão simples…

“A lei de causa e efeito da natureza e do homem não falha nunca.”

Oração da completa felicidade

"Não importa o que fizeram a mim, nem a mais sórdida injustiça, nem ofensas graves, nem rejeições e desamores, nem torturas físicas e morais, nem calúnias, nem traições, nada importa porque não me ferem mais, nem me atingem, nem passam mais pelo meu escudo protetor, porque agora Cristo vive em mim!"

*

Estamos sempre inclinados a identificar os obstáculos da vida com coisas, pessoas ou situações, em vez da interferência do nosso estado mental. É por essa razão que, ao tentarmos vencer os obstáculos, raciocinamos no sentido de remover as pessoas ou coisas presentes no nosso caminho, em vez de nos recompormos, mudando a nossa mente e o nosso pensamento.

A vida foi feita por Deus para SER APRECIADA. Mas o ser humano usa a vida para ser SUPORTADA. Coitado do homem, ainda tem muito que aprender. Acho que os mestres espirituais do Cosmos terreno são os seres mais pacientes do Universo.

*

“A vida foi feita
por Deus para
SER APRECIADA.
Mas o ser humano
usa a vida para
ser SUPORTADA.”

Livre-se do mal

Para você que está mergulhado no materialismo, no corre-corre do mundo, eu tenho que apresentar um texto bastante espiritual.

Ninguém tira ninguém do materialismo se não for muito espiritual com ele. A vida é agitada, tudo é competitivo, cheio de obstáculos, reveses, desilusões, falsidades, enganos e erros.

O mundo, principalmente nas cidades maiores, apresenta uma comédia trágica de correrias e lutas, conflitos e disputas, rotina de trabalhar, ganhar dinheiro e dormir. A principal meta da humanidade é sobreviver! Conseguir viver o dia a dia e mais nada. E, muitas vezes, nem isso se consegue. Existem milhões de pessoas sem uma vida digna.

E bem pouca gente se lembra de Deus nos momentos de aflições...

A vida dura nos gera sentimento de culpa, que prejudica nossas forças vitais. Desgosto, ansiedade, depressão, neuroses, descontentamento, remorso, desconfiança, todos consomem as forças vitais e convidam à decadência.

E eu afirmo para você, meu caro leitor: seja menos materialista e preocupe-se (um pouco pelo menos) em ter um sentimento de mais humanidade, de ajuda.

Livre-se de seus complexos: de inferioridade, de remorso, de perfeição, de raiva e ressentimento. Livre-se de suas depressões e seus desânimos.

Agora Jesus diz a você, com filosofia de Cristo amigo: "Depõe tudo sobre mim, todos os seus fardos. Entregue-me, com fé, todos os seus problemas. Eu levarei seus erros, falhas, pecados e conflitos. Dar-lhe-ei a minha paz. Não destrua por mais tempo o seu respeito próprio".

"Eu fortalecerei sua vontade enfraquecida. Enxugarei as suas lágrimas e lhe darei o sorriso feliz de quem não tem nada e por isso não se preocupa com nada..." "Eu quero que você seja FELIZ, mas com uma felicidade simples e real, sem complexos nem torturas interiores, livre e alegre, sem medos nem preocupações, sem brigas nem conflitos que não levam a NADA, com muito amor e ajuda aos colegas, com PAZ em casa, na rua, no trabalho e em toda parte. Conte comigo, eu estou à sua disposição."

"Eu perdoarei todos os seus erros e falhas. Você ficará livre, porque nenhuma condenação existe para aquele que está comigo. Eu lhe ofereço LIVRE PERDÃO DE TUDO."

Não é muito fácil, sei que não é fácil para você mudar sua mente conturbada de um dia para outro. Seus pensamentos já estão viciados a pensar negativamente, ou melhor, erradamente. Talvez você já tenha sofrido muito. E, por isso, tenha perdido até as esperanças; tantas ilusões perdidas, tantos desapontamentos e até mesmo traições.

Somente você sabe o que foi, até agora, a sua vida, não importa idade, sexo, posição social. Nada importa de você como corpo material e físico. O que vale e o que lhe aconteceu, feriu, machucou, marcou a sua mente.

Mas mesmo que você seja adolescente, jovem, adulto, de meia-idade ou já mais idoso, não obstante as cicatrizes na sua alma, provocadas por você mesmo ou pelos outros, VOCÊ PODE MELHORAR MUITO A SUA VIDA.

Você pode se libertar...

Não tenha vergonha de se apegar a Cristo, nem que seja num cantinho escondido e longe de todos. Primeiro, você tem que dar um basta no passado, esquecer o seu passado de uma vez, porque o passado já passou e, graças a Deus, não voltará jamais. Mas sobre isso voltarei a falar depois, ainda neste livro, cujo alicerce é "como esquecer o passado e começar a ser feliz".

Bem, eu repito: não tenha vergonha de se apegar a Cristo e suplicar a sua ajuda.

“Eu perdoarei
todos os seus
erros e falhas.
Você ficará livre,
porque nenhuma
condenação
existe para aquele
que está comigo.
Eu lhe ofereço
LIVRE PERDÃO
DE TUDO.”

Fique mais fortalecido

Quando você, mesmo escondido, reconhecer suas culpas e desejar melhorar – procurar um encontro espiritual com Jesus Cristo, numa conversa amiga e sincera, face a face, notará que o AMOR difundido por Cristo, por todo o seu ser, é um poder vitalizante.

Todo órgão vital, o seu cérebro, o coração, os nervos (mesmo abalados), este amor toca, energiza e transmite CURA. Pela ação do Espírito de Cristo dentro de você mesmo são despertadas para a atividade as mais altas energias do ser. Liberte a sua alma da culpa e da dor, da depressão e do desânimo, da ansiedade e do cuidado que consomem suas forças vitais. O Espírito de Cristo infunde dentro de você uma NOVA VIDA com muito mais saúde e vigor.

Com suas orações, meditações, entrevistas ou encontros com o Espírito de Cristo, vêm a PAZ e a serenidade, a força para o combate, a calma para soluções e uma ALEGRIA de VIVER que coisa alguma terrestre pode destruir, a alegria que comunica saúde espiritual, mental e corporal.

*

E lembre-se: o maior pecador precisa do maior salvador. Se você se julgar o maior ou pior dos pecadores, o apoio de Cristo é justamente aquilo de que mais precisa. Erga a cabeça e, mesmo pisando na lama e no pântano dos erros, olhe para cima e contemple as estrelas, e Cristo o atenderá.

As neblinas do passado se dissiparão. Tudo será novo, um novo horizonte e uma nova terra surgirão para você. As nuvens negras se afastarão e brilhará um SOL intenso em sua vida.

Ele carregou (e ainda carrega) todo o fardo de nossa culpa. E sorri do mundo, que ele sabe ser ingrato e cheio de falsidades. Ele toma o peso de nossos cansados ombros. Dará descanso e paz para todos que o procurarem, inclusive para o prezado leitor.

Somente se o leitor for orgulhoso é que não haverá salvação. Tem que haver humildade, e ser humilde não é fácil, embora seja a mais preciosa das virtudes.

Por quê? A pessoa sente que tem que melhorar sua vida, sente que não pode continuar como está. E que tem que esquecer o passado. Sente necessidade de ajuda, melhor ainda se for um socorro espiritual cósmico.

Mas seu orgulho não deixa sentir nada, nem ter necessidade de ajuda, muito menos pedir socorro espiritual. O orgulhoso fecha seu coração a Cristo e às infinitas bençãos que poderá ter.

Se você não for orgulhoso nem quiser ter sociedade com os maus espíritos, sugiro que faça uma prece assim:

"Oh, Jesus,
orientai-me sempre,
durante o dia todo,
com a vossa divina
sabedoria.

Fazei-me conhecer
a vossa vontade.

Vossa LUZ
seja minha luz.
Vosso AMOR
seja meu amor.

Fazei de mim o
instrumento para
realizar a vossa vontade
e a vossa vitória."

*

A mente humana pode alcançar tudo em que é capaz de acreditar!

*

Há tempo suficiente e mundo bastante para recomeçar tudo, ter uma vida nova e construir um futuro glorioso.

*

Acredite que Cristo já o perdoou e que todo o Universo cósmico ajuda você!

Acredite também que já está curado!

Como conseguir ajuda

Muitas vezes nos deixamos dominar por nossas emoções. Nossos desejos, inclusive os errados, nos dominam. E tornamo-nos aflitos por coisas passageiras.

Raro triunfarmos, com firmeza, de um hábito negativo, porque não buscamos a ajuda de Deus e queremos lutar somente com nossas forças... humanas.

Devemos querer evoluir, sempre, no espírito que não adoece, nem envelhece, nem erra... e é eterno!

Entremos no caminho de uma vida correta, alegre e em paz.

Quando nos sobrevém uma contrariedade, ficamos logo abatidos e procuramos ajudas humanas! Mas, se nos elevarmos com muita fé para o Reino de Luz, na certa virá do Alto, sobre nós, o auxílio do Senhor.

As ilusões da sociedade falsa

Os desejos dos sentidos, materiais e emocionais, arrastam-se aos prazeres e divertimentos do mundo. Passada aquela hora, porém, que outra coisa resta senão o remorso (não o arrependimento), o remorso da consciência e a dissipação dos sentimentos mais nobres, a queda do coração?

Não há retorno. O eco se perde, distante. Ficam a marca, o estigma da emoção, a mácula na alma. E muitas vezes a cicatriz do erro e a mágoa na mente.

Dores e lutas

Todo alcoolista e todo toxicômano queriam que a vida fosse tranquila, sem responsabilidades, sem ter que lutar ou sofrer!

A luta e o sofrimento não foram feitos para aqueles que fogem para a caverna sinistra da bebida ou das drogas.

Trata-se de coisas para os santos; para eles, não! E para fugir, para não terem que enfrentar a batalha da vida, ou uma responsabilidade, muito menos o sofrimento e a dor, eles se enfurnam como bêbados ou drogados. É a saída "honrosa" (para eles) do campo de luta!

É fácil, não é? Mas dramático...

Completa felicidade

Quando nossas ambições coincidem com os acontecimentos, temos o sucesso. E quando nossos desejos não coincidem com o fato acontecido, chamamos isso de fracasso.

Mas, como não existe a coincidência nem o acaso ou a sorte, então o sucesso e o fracasso não existem de fato. Tudo não passa da fantasia do ser humano. Ou, no mínimo, de um símbolo criado.

Mesmo porque um homem, por si só, não faz nada se não tem a ajuda e a força de um Poder Superior ou mesmo do seu Deus Interior. O homem é um seguidor dos acontecimentos. E rotula, dá um nome ou expressão a tudo que acontece, até às coincidências ou sortes que não existem...

Isso significa ampla liberdade que podemos desfrutar em vida, a liberdade quanto à nossa ansiedade e preocupação pelo triunfo... e nosso abatimento e tristeza pelo fracasso.

Podemos ser LIVRES, se pensarmos corretamente com uma filosofia positiva, sabendo que lutamos com bravura e sem nos importarmos com vitória ou fracasso, que são meros símbolos.

*

Tudo está em nossa mente. Por isso o poder mental é tão importante. Ter paz ou abandono... está tudo em nosso pensamento. Ser amado ou desprezado, ter saúde e vitalidade ou doença e apatia, ter sempre dinheiro ou viver aflito e preocupado, ter coragem para as vitórias ou se esconder nas derrotas. Nossa própria mente faz nossos erros, inimigos, doenças e negativismos; nossos pensamentos são criadores e comandam o espetáculo.

Tudo está dentro de nós mesmos. Nosso inferno ou nosso paraíso – tudo em nossa mente e em nossos pensamentos e imaginações, refletidos no silêncio de nossa alma.

Depende somente de nós... sermos felizes ou infelizes, fracassados ou vitoriosos em tudo na vida!

Nosso cérebro é um fantástico computador, mas ele só realiza o que nós mesmos programamos nele.

*

O que importa mesmo é termos o "amor amizade", o "amor apoio", o "amor tolerância e aceitação". O amor concordante não é implicante nem contestador. O que importa mesmo é gostar de uma pessoa como ela é.

E não querer mudá-la, ou as situações, reclamando de tudo, em vez de elogiar e agradecer por tudo!

O sexo é absolutamente complementar, consequência natural de pessoas que se amam. O sexo é um diploma do amor.

Sexo é amor... Porque, sem amor, será apenas instinto animal ou atração corporal, desejo material ou desabafo egoísta de gozo pessoal.

Nós todos, seres humanos, nascemos de um ato sexual de amor. E nada mais se precisa dizer. O resto é silêncio.

*

Estamos todos nós, eu e meus queridos leitores, empenhados numa luta de evolução espiritual, rumo ao infinito.

É uma longa batalha, em que temos que derrotar todos os nossos erros, desde os pequenos rifles até os mais graves mísseis.

Mas chega um momento em que somos vencedores, com a ajuda de Deus, Máximo aliado.

Assim sempre será.

*

Você só está preso por seu próprio pensamento errado! Sente-se preso, aprisionado, amarrado em relação a uma situação (amorosa ou comercial) porque seu pensamento está errado, e não pela relação em si mesma.

Mude seus pensamentos defeituosos, em função de qualquer coisa que aconteceu ou possa acontecer, e você mudará sua vida para muito melhor!

*

Destrua a tentativa, cheia de aflição, de destruir os inimigos que surgirem. Porque, mesmo que você os vença, outros surgirão no lugar dos anteriores. E não para nunca.

Não lute contra o mal, não resista nem enfrente o negativo e o maligno. Seja o que for, afaste-se, fuja… e tenha nessa fuga o seu grande mérito vitorioso.

Deixe pra lá, afaste-se. Viva a sua vida, com correção e dignidade. E o que está errado nos outros não lhe importa…

*

Sempre que se sentir preocupado, nervoso, ansioso, com medo ou cheio de tensão, saiba que está vivendo não pelo seu EU verdadeiro, mas pelo seu EU falso, guiado pela imaginação e pelo subconsciente. Memórias de acontecimentos antigos ou anteriores estão aflorando na sua mente, vindas do subconsciente. Sua imaginação, se você deixar, trabalha contra você. E produz venenos mentais, como a preocupação, o medo e a ansiedade. Corte. Mude seus pensamentos para ideias construtivas e livres, sem se incomodar com os outros ou a sociedade. Você é livre.

*

Nunca se deixe orientar pela sociedade do mundo. Ela é falsa, ilusória, enganadora, sedutora e o envolve totalmente.

Oriente-se, isto sim, pelo Poder Cósmico do Alto, pelo poder máximo do Reino de Luz. As grandes ideias, as grandes criações, as imensas realizações positivas somente surgem do Alto.

Governe-se pelo máximo poder. Não custa nada, é tão fácil. Por que irá você pedir um centavo a um rei? Peça milhões e lhe serão dados, porque o Poder Cósmico de Deus Pai tem muito estoque de puro ouro espiritual para dar à vontade a quem pedir.

Viva com simplicidade e naturalidade, mesmo que tenha fortunas e posses materiais e mundanas. Mas viva com base em si mesmo. Seja o seu Eu verdadeiro, em tudo que fizer.

*

Se este mundo, vasto mundo, fosse perfeito e justo, cheio de coisas ótimas (somente coisas e acontecimentos bons), então estaríamos perdidos.

A gente nem poderia errar nada, pois seria castigado.

Mas, do jeito que este planeta funciona, estamos SALVOS. Porque o mundo se transforma (para pior) a cada momento, é efêmero, inconstante, malvado, falso, traiçoeiro, guerreiro e briguento, cheio de conflitos de todas as espécies. É um mundo de transformações, às vezes mudanças absurdas. Não tem uma forma constante, nem correta.

Justamente por isso, se formos corretos cumprindo nossos deveres e ajudando os outros, podemos, com certa facilidade, vencer o mundo! Podemos dominar, com nossa mente pessoal, este mundo exterior, material. Podemos vencer o mundo, porque estamos num patamar bem acima.

BUSQUE A FONTE de qualquer riqueza em seu Deus Interior, dentro de si mesmo.

Parece absurdo, fanatismo – mas é a pura verdade.

Não se apoie em ninguém e em nenhuma circunstância.

Por pior que esteja a situação, o espírito de dependência só servirá para enfraquecê-lo.

Não fuja de si mesmo. Enfrente, reze ou faça meditações com fé, acreditando no poder de Deus que está dentro de você, no seu espírito. Acalme-se, acredite que Deus não vai abandoná-lo, nunca. Pode demorar mais um pouco, demorar muito às vezes, ou vir logo o auxílio de Poder Cósmico de

Deus. Fale (em silêncio) com Jesus Amigo, que prometeu ajudar-nos sempre.

Confie em si mesmo. Faça as pazes com Deus, caso o tenha ofendido, peça perdão e será perdoado. Mas busque a solução, seja qual for, no seu Deus Interior que está em você mesmo, na sua mente e nos seus pensamentos. E terá a resposta, pois Deus não falha e jamais abandona quem acredita, quem tem FÉ e pede perdão.

O místico dinamarquês Søren Kierkegaard insistia com todos para que fossem extremamente INDIVIDUAIS, individualistas na sua autodescoberta. Fez uma afirmação notável, que só poderia vir de quem estraçalha, acaba com sua personalidade falsa e cheia de ilusões: "Tornei-me EU próprio".

*

Homens e mulheres assim de grande personalidade, de espírito forte, não apenas se libertam, como também preenchem aqueles que conhecem com uma mente LIVRE.

EU sou eu, você é você. Nem sequer nascemos juntos. Nem temos os mesmos gostos. Respeite-me, e eu respeitarei você.

*

Tenha liberdade quanto à tirania da memória emocional. E somente se prenda à memória sentimental se ela for realmente boa e positiva e lhe der prazer.

Nossas tristezas e depressões estão sempre ligadas, de algum modo, com uma recordação do passado.

Não tenha mais o anseio penoso pelo que já foi, apenas o desfrute suave do que você faz agora.

Por melhor que tenha sido seu passado, você só estará livre e feliz agora se pensar e desejar que os dias de hoje podem ser ainda muito melhores.

*

Enquanto sua atenção estiver fixada no passado, nas suas infelicidades e nas suas perdas, nunca se reerguerá!

Obtenha novos recursos, novas oportunidades para ser feliz. Passe uma borracha em tudo que foi, fez, sofreu e perdeu. Saia desse caminho e tome um novo rumo, em todos os sentidos, uma nova estrada mesmo!

O que tinha que aprender, você já aprendeu: o que fazer e o que não fazer.

Encaixote ou queime suas recordações se elas forem muito amargas.

Comece tudo de novo, tire a máscara de cara fechada e sorria, vá para a frente e para o alto, agora você sabe que tem um FABULOSO TESOURO NO SEU DIVINO INTERIOR.

E sua inteligência, sua capacidade, sua inspiração. Você tem tudo para ser rico, sadio e feliz!

E lembre-se sempre: é Deus que determina nosso destino e nossa própria mente. Nosso diamante interior está ligado a Deus, mas somente a nós pertence.

“Nossas vidas são uma viagem contínua. E devemos aprender a crescer em cada curva do destino. Conforme vamos prosseguindo nosso caminho, devemos tentar fazer o melhor possível. Às vezes tropeçando, mas sempre tentando fazer o melhor de que somos capazes. Se esse for o nosso lema, poderemos fazer mais do que sobreviver; seremos capazes de transcender o impossível e ir além da sobrevivência!”

(Lindo texto escrito por um prisioneiro de guerra no Vietnã do Norte. Um soldado americano que rezava diariamente e passou os piores traumas e torturas mas sem perder a fé. Após sete anos, foi libertado. Seu nome é Gerald Coffee.)

*

“Encaixote ou queime suas recordações se elas forem muito amargas.”

Cuidado...

Arrependimento verdadeiro não é remorso! Ter remorso por ter feito um mal não redime nem liberta nenhuma alma. Arrependimento genuíno também não é tristeza pelas consequências, e sim autêntica tristeza pelo erro cometido e sincero desejo de parar de errar e cometer o mal.

É mais fácil obedecer às regras e aos preceitos espirituais do que admitir e controlar nosso temperamento irascível. Obedecemos a muitas leis de Deus, mas passamos por cima de outras e cometemos muitos erros de comportamento e atitude.

Não sabemos controlar nossas emoções. Falo de emoções, não de sentimentos. E quem não souber controlar suas emoções será por elas dominado, em tudo que fizer!

Não adianta
sermos bons
religiosos.
Temos que ter
um coração
limpo e o espírito
mais puro,
sem cometer
tantos erros.

Isto sim

O Grande Mestre já me perdoou e redimiu. Que direito eu tenho de lembrar-me sempre dos erros que cometi no passado?

O passado já passou e não volta nunca mais. Por que, então, ficar me torturando, relembrando fatos negativos e erros que já cometi e dos quais já me arrependi? Já pedi perdão e já fui perdoado, porque meu arrependimento não foi remorso, mas uma súplica sincera de quem já aprendeu com seus erros e não pretende falhar mais.

De agora em diante, tenho que assumir uma vida nova, livre do passado e com a paz no coração. Com sentimentos bons, construtivos, positivos e puros, e livre também das tentações que as emoções nos fazem, porque as emoções dos prazeres materiais passam logo e não constroem nada. São apenas emoções fugazes e passageiras.

"O passado já passou e não volta nunca mais."

Cântico para renascer

Raja Marausha – 1983

Eu posso, eu consigo mudar a minha vida. Acredito na força do pensamento positivo e no sentimento e ação positivos.

Já errei muito até hoje, cometi muitas falhas, mas agora mudo de atitude mental, arrependido e convicto de que sou filho de Deus.

O passado não existe mais. Acabou e não volta. Terminaram as ilusões, terminou a escuridão em que eu vivia. Veio agora a LUZ para mim, uma grande esperança.

Vejo um novo horizonte na minha vida, com um colorido arco-íris. E, depois de tanta tempestade, nascem para mim as mais belas flores…

Oh, Senhor, eu o bendigo e agradeço para sempre por me fazer RENASCER no espírito, para uma vida nova. Sou agora uma nova pessoa, feliz, em PAZ com Deus e comigo próprio.

Eu me elevo mais alto, junto ao Reino de Luz, Amor, Paz e Alegria de Viver. Viverei agora sintonizado no Reino Espiritual.

Embora eu continue com meu corpo humano, nesta pequena passagem no mundo material chamado Terra, vivo acima dele, com meu espírito! Por isso, nada mais me abala, nem tenho mais medos nem preocupações.

Eu não sou o meu corpo! Meu EU verdadeiro é espírito e eterno. Comecei a viver agora uma VIDA NOVA e sei que nós somos os donos do nosso destino.

Não dependo de nada nem de ninguém para ser feliz ou ter sucesso. A vida nova, renascida no espírito, me traz tudo de que necessito.

Tenho agora êxito em tudo, porque vivo consciente de que sou filho de Deus, dirigido e muito amado por todo o Reino Cósmico da Inteligência Infinita.

EU SOU EU. Sei que ninguém mais pode viver por mim, nem pensar ou amar por mim, nem sentir a dança do amor e da dor em meu lugar. Nem chorar ou sorrir por mim.

Minha vida, agora renascida, será iluminada por Deus, orientada por Cristo e protegida pela Mãe Santíssima.

Não cometerei mais erros graves. Tudo o que farei será bem-feito, porque minhas obras e meus trabalhos serão obras e trabalhos de Deus. E Deus é riqueza e perfeição.

Minha vida, somente EU a viverei, livre e independente. Gostarei mais de mim mesmo e terei uma forte autoconfiança. Serei decidido em tudo, e não mais fraco, tímido e indeciso.

Não terei mais medo! De nada, nem de ninguém. Quem é espiritual e dirigido do Alto, por Deus, não é temeroso. Nada mais me preocupa nem amedronta, porque tenho agora um escudo protetor: a mente inspirada para as soluções e iluminada para o caminho.

Eu já tinha dentro de mim um diamante valiosíssimo, mas não sabia e não o usava. Agora renascido, vou lapidar esse tesouro que está em meu coração. Eu mesmo vou transformar-me em pedra supervaliosa, porque sou o dono exclusivo desse meu diamante interior.

Eu vivia errando e afastado de Deus, vivendo nas ilusões deste mundo, nas falsidades de uma sociedade materialista. Por isso era jogado em vários sofrimentos, enganos, doenças e infelicidades.

Os espíritos malignos se aproveitavam de minhas fraquezas e me faziam abusar do sexo sem amor, ou beber muito, me drogar ou fumar, ou me iludiam por paixões do mundo. Eu era escravo do dinheiro e, tolo, buscava o poder e a fama fugazes ou passageiros.

Aprendi agora que a vitória da matéria é efêmera e passa logo, que a própria matéria e o corpo não são nada, e que a gente só leva, desta vida, a vida que a gente leva...

Mas a glória do espírito, de uma vida correta e de ajuda aos outros, uma vida de amor verdadeiro e mais puro, da alma e da mente em Deus é ETERNA! E jamais deixam de brilhar seus fulgores maravilhosos por todos os tempos.

Começo uma VIDA NOVA, não voltarei jamais ao que eu era.

O passado não volta, e eu esqueço. A vida que eu tinha que aprender já aprendi. O que eu tinha de errar já errei, Volto agora esses olhos banhados de lágrimas para Deus e sou perdoado por tudo!

Serei uma pessoa simples e comum. Não mais orgulho, nem egoísmo, nem brigas ou conflitos, nem reclamações, intolerância e implicância, nem desejos desnecessários ou apego material.

Não amarrado por nada nem por ninguém. EU serei EU.

Vida nova, renascida. O Grande Mestre Jesus agora é o meu maior amigo, sem beatices nem fanatismos. E, renascido, tenho agora a maior riqueza do mundo, que é a Paz de Espírito!

Tudo está em nossa mente: nosso inferno ou nosso paraíso. Eu agora estarei no paraíso, no

Nirvana. Sou feliz! Sou feliz! Tenho a felicidade não pelo que eu possuo, mas pelo que eu amo.

Ergo-me, elevo-me, porque agora sei que Deus tem necessidade de mim. Não posso mais me afastar de uma vida correta e calma, nem do Reino Espiritual de Luz, Amor e Paz. E sem renascer, sem nascer de novo no espírito, ninguém consegue coisa alguma!

Muito obrigado, Senhor.

“EU SOU EU. Sei que ninguém mais pode viver por mim, nem pensar ou amar por mim, nem sentir a dança do amor e da dor em meu lugar.”

Nunca ser pessimista

"Aquilo que temo me sobrevém, e o que receio me acontece." (Jó 3:25)

Realmente, atraímos aquilo em que mais pensamos. Seja bom ou seja ruim. Somos um condicionador de pensamentos. Muitas vezes, até acidentes (e graves) podem acontecer de tanto pensar-se com força naquilo.

Se durante um longo período uma pessoa receia habitualmente alguma coisa, há uma forte tendência de aquele receio acabar se tornando realidade. É verdade, não é magia, nem superstição, nem oguns e oxalás.

Ao contrário, fatores de sucesso criativos, positivos e construtivos são enfim realizados pela força mental. Mas as pessoas sempre pessimistas não conseguem reter a força de pensamento positivo e otimista. A mente desses pessimistas só tem pilhas negativas.

A vitória ou a derrota, uma ou outra, pode dominar nosso Poder Cósmico pessoal. Depende só de nós mesmos.

Se o leitor mantiver o pensamento de fé, de crença, de acreditar no bom com convicção, acreditando e esperando sempre pelo melhor, acabará, automaticamente, recebendo sempre o melhor na vida. Não importa a situação, o semelhante atrai sempre o semelhante. É muito raro uma pessoa pessimista ter sucesso, saúde, bem-estar e vitória. Para os otimistas isso é comum.

Mesmo na doença, na pobreza, na dor e no sofrimento, é preciso ter pensamentos positivos de fé e crença no poder e na ajuda de Deus Pai. E tudo vai melhorar muito. O Poder Cósmico do Alto jamais deixa de nos atender de uma forma ou de outra.

"Não importa a situação, o semelhante atrai sempre o semelhante."

Os vícios da imaginação

Não lute contra nenhum mal. Porque você não conseguirá se livrar dele e ainda será derrotado, massacrado.

FUJA... Não enfrente um mal, seja ele qual for. Respeite o mal, tenha muito medo dele.

Evite se contundir com uma tentação, evite guerrear com um vício da sua imaginação. Fuja... Saia correndo, afaste-se, tenha medo... e reze.

O ser humano é vítima constante dos vícios da imaginação. Estou até escrevendo um livro somente sobre este importante assunto: os poderes negativos da imaginação. Somos pessoas emocionais e presas dos hábitos. E nossos hábitos mais enraizados se tornam vícios. Vícios de nossa própria imaginação. Nós imaginamos um ERRO e caímos nele.

Ou controlamos nossas emoções, ou elas nos controlam.

O alcoolismo é um vício da imaginação. As drogas são vícios da imaginação. O fumo também. Assim como o jogo; a luta por fama, poder e dinheiro; o desejo incontrolável de muitas posses materiais; a sexomania e a ninfomania; a prostituição; a tara etc.

Fuja. Saiba agora que o seu grande problema pode ser um vício da sua imaginação. Um vício que o aprisiona, amarra e domina. Por isso a compulsão, a obrigação que a pessoa sente de fazer um mal.

Uma compulsão que a própria pessoa não entende, e por isso luta contra essa vontade pecaminosa e negativa.

A imaginação doente enche a cabeça com a vontade incontrolável. A pessoa vítima se contorce com aquela ideia, que a ilude, sutil e maliciosamente, impregnando de desejo a sua alma indefesa. E quanto mais a imaginação domina a pessoa, mais ela tenta lutar para se salvar. E quanto mais luta, mais sucumbe, mais cai derrotada. E cada vez mais se dirige para fazer aquele mal.

Assim acontece com todos os desejos elaborados pelos vícios da imaginação. O próprio pensamento viciado da pessoa constrói a imagem do sonho negativo, enfeita essa fantasia com as cores sutis do prazer inexistente e lança toda aquela ilusão imaginária no desejo de ação!

Se houver luta por parte da vítima, tanto melhor para a imaginação deturpada, que vence a batalha, todas as vezes que for necessário. E a pessoa, assim derrotada, cai mais uma vez e sucumbe ao mal. Volta a cometer os mesmos erros viciados pela sua própria mente destruidora.

Por isso volto a afirmar: não lute contra uma tentação, contra um desejo negativo, contra um prazer ilusório e falso. Não lute. Fuja, corra de medo e de respeito, não enfrente o mal.

Reze, faça preces de súplicas. Chame a ajuda de Deus Pai, ou de Cristo, da Mãe Santíssima ou de todos os Santos Espíritos. Suplique socorro. Acione um alarme desesperado de angústia para o Poder do Alto, para uma força superior.

Cada vez que o assaltar a tentação para o caminho errado e nefasto, afaste-se da imaginação que quer dominá-lo e grite por socorro. Não enfrente o mal, saia correndo.

Reze e medite. Entre no seu próprio templo interior e encontre-se ali com Deus. Assim será ajudado a superar a crise. Um de cada vez irá vencer, na fuga positiva, o seu mal! Pouco a pouco, você irá se esquecer daqueles pensamentos negativos, e sua imaginação, com o tempo, deixará de querer iludi-lo com falsos prazeres fugazes. E, a cada vitória sua, você ficará mais fortalecido para novas vitórias até o aplauso final como vencedor.

Fuja... Nessa covardia está a sua glória! Não lute, afaste-se e seja vitorioso.

Em seu estado novo, liberto e desligado, você não sente mais a memória da imaginação (aquilo que você desejava e pelo qual ansiava nervosamente, querendo mesmo).

Agora não existe mais o anseio penoso pelo que você tanto desejava, anseio pelo que você foi. Existe apenas o desfrute suave do que você é agora, simples e SEM ideias imaginativas e compulsórias (ter que fazer).

A identificação com a emoção é sempre acompanhada por reação de infelicidade. Com o sentimento é diferente. Sentir uma coisa é muito diferente de se emocionar com aquilo.

Temos que ser, o máximo possível, o nosso EU verdadeiro, não falso.

Sejamos realmente simples, bons, filhos de Deus, ligados à corrente eterna do Reino de Luz, onde tudo é maravilhoso, por pior aparência que tenha.

É tão bom ser feliz, natural e em PAZ.

Dez razões para uma pessoa não beber, nunca

Se você ainda não se considera alcoólatra, pare de beber agora, porque os goles vão aumentando, e chega o fim!

1. **Você se condena à morte ou suicida-se lentamente.**

2. **Você "paga para tomar veneno".**

3. Destrói seu respeito próprio, dos amigos, da mulher ou dos filhos.

4. Entorpece, mutila e destrói o sistema nervoso central, caminhando para a tolice ou uma humilhante loucura, aos poucos e sem sentir.

5. Destrói sua personalidade e fica sem caráter.

6. Se na hora é uma fuga, depois é um terrível mal-estar, de corpo e espírito.

7. Aumenta cada vez mais o complexo de culpa e a depressão, causando angústias, medos, irritabilidade etc.

8. Reduz, até mesmo à inutilidade, sua capacidade de concentração e trabalho, caindo mais e mais.

9. **Desorganiza sua vida, levando a família a situações difíceis e de sofrimento.**

10. **Tira completamente seu bem-estar e a alegria de viver, fazendo de cada dia uma nova e dura prova!**

Para que confusão? Para sofrer, meu amigo leitor; para chorar de tristeza, querida leitora.

Compreender algo é mil vezes melhor do que sentir esse algo. Lembre-se sempre de que você só está preso a uma situação por seu próprio pensamento errado e aflito, nunca pela situação em si.

Analise as suas ATIVIDADES INÚTEIS. São inúmeras, e você só perde tempo, saúde, paz de espírito, calma, sossego etc.

Faça desaparecer agora o MEDO de qualquer coisa que você esteja sentindo.

E em seguida faça o mesmo com a PREOCUPAÇÃO, que é uma tempestade cruel na vida, uma terrível catástrofe mental que atinge todos nós e até destrói vidas.

Pois bem. As atividades inúteis, o medo e a preocupação são três grandes males do ser humano. São doenças da mente. E não há quem seja alegre, disposto, animado, positivo, otimista e feliz com essas três pragas atormentando.

Livre-se delas, em seu benefício.

“Lembre-se sempre de que você só está preso a uma situação por seu próprio pensamento errado e aflito, nunca pela situação em si.”

O poder da meditação por si só

Tudo que se pensa, imagina ou mentaliza com profundo sentimento constitui uma oração que será atendida.

Nós somos e possuímos o que pensamos e acreditamos que somos ou possuímos!

O que se pensa, mentaliza ou acredita, tudo é oração. Orar não é somente concentrar-se e meditar alguns minutos diante do altar ou oratório. A sós, no quarto ou num cantinho, quem pensa permanente e emocionadamente em alguma coisa está rezando para sua realização!

Por isso é importante pensar, imaginar ou falar somente sobre coisas boas, positivas, corretas, honestas, alegres e puras.

Quem pensa firme e o tempo todo em dinheiro, somente em dinheiro, está rezando sempre para lhe vir muito dinheiro. Mas não receberá saúde e felicidade, coisas que o dinheiro não compra.

Quem só fica pensando em sexo, o homem obcecado por mulheres e a mulher ninfomaníaca, está rezando para ter muito sexo, luxúria, depravação, adultério, ilusões do mundo e, com isso, sofrer muito, ser infeliz e frustrado, enganado e destruído como gente!

Portanto está claro, óbvio, transparente que só devemos pensar, imaginar, desejar, meditar e acreditar em coisas boas e benéficas para nós e para todos.

Espiritualizemo-nos. Voltemos nossos olhos para a luz do Reino de Luz no Cosmos Superior.

Arrependamo-nos por tudo de errado que já fizemos e peçamos perdão a Deus, que nos atenderá, perdoando-nos e curando todos os males (físicos, corporais, mentais e espirituais). E vivamos alegres, sadios, mais puros perante Deus, sem temores de nada nem preocupações sem motivo, sem desejar o desnecessário, nem luxo e riqueza inútil. Sem os apegos mundanos que nos amarram, nem as paixões ilusórias de uma sociedade falsa e material.

Amemos o amor verdadeiro, muito mais espiritual e maravilhoso, cheio de bondade, paciência, tolerância, partilha, ajuda e confiança.

Pensemos e esperemos somente o ótimo e teremos tudo de bom de que necessitarmos.

Todo o poder vem de dentro de você mesmo

A força pessoal de cada um está na própria mente. Ela não vem de fora, nem do intelecto ou estudo científico, nem de orações decoradas e repetidas sem o sentimento de humildade, devoção e contrição.

Nem de preces egoístas, visando sempre o nosso próprio e exclusivo bem.

Temos que entregar nosso comando pessoal ao nosso espírito (ou superconsciente, ou alma, ou superego). O espírito comandará, orientará e protegerá a MENTE, que é o computador e só executa aquilo que for programado nele. Nem mais nem menos. Nenhuma pessoa comete um crime, por exemplo, depois de programar amor e bondade na sua mente, depois de encher o coração de ideias nobres e maravilhosas.

Nós somos o que pensamos, o que imaginamos e o que queremos ser, programando somente bons e positivos desejos em nossa consciência ou mente.

Não adiantam orações egoístas, pensando só em nós mesmos. Não adiantam preces e devoções levianas, fúteis, da boca para fora, automáticas ou sociais, exteriores e decoradas.

Não adianta fortalecer o intelecto de cultura mística, muitas vezes erudita, como tantas que existem por aí.

Nada disso adianta! Nem para evolução da pessoa como gente, nem para ajudá-la em nada, se não buscar força no seu DEUS Interior.

O chamamento devocional de Cristo ou dos santos também não adianta nada se não for uma busca de seus ensinamentos para encaixá-los em sua mente. Porque, no final das contas, o que vai lhe acontecer partirá do comando de seu próprio interior, de seu Deus Interior, de seu espírito e de sua própria mente. Tudo o que lhe acontecer partirá de dentro de você.

Até a manifestação de Jesus Cristo em seu favor não virá lá do Alto! A manifestação de Cristo, para atender a um pedido sincero seu, virá de dentro de você mesmo!

Deus funciona através de nós mesmos, usando o nosso próprio espírito ou mente criadora e cósmica. Nada que vem de fora, o exterior e mundano, as coisas materiais da Terra e as ilusões do mundo, tem nenhum poder sobre você, a não ser que você queira!

Se você aceitar o errado, se pensar no erro e imaginar o negativo em sua mente, atrairá tudo de errado e de negativismo.

Se você quer ser feliz, o problema é de Deus. Mas se não quer ser feliz, o problema é apenas SEU mesmo.

Nem Deus, nem Cristo, nem Santo nenhum, nem estudos profundos de teologia, religião, misticismo ou esoterismo têm poder nenhum sobre você se você próprio não quiser, não aceitar ou rejeitar.

E quando tiverem efeito sobre você, os santos ou o poder que seja, estarão do seu lado, carinhosos e protetores. Todo poder do Alto agirá dentro de você através de sua própria MENTE, de seu próprio corpo, de seu próprio espírito protetor, que tem força para curar todos os seus males.

Não adianta forçar a barra com Deus nem com o Poder Cósmico. Você é o único dono de sua vida e de seu destino!

O mundo, agora mais que nunca, necessita de espiritualidade para compensar o excesso de materialismo que predomina atualmente nas sociedades modernas. Na verdade, temos a convicção de que, caso a humanidade não reaja, dando uma direção mais espiritual a seu futuro, não conhecerá a Idade de Ouro, que deveria coroar o ciclo que acabamos de iniciar e que tradicionalmente corresponde à Era de Aquário.

Cada pessoa deveria se comprometer e se dispor a auxiliar os seus semelhantes a enfrentarem e corrigirem a falta de emoção espiritual.

Livremo-nos, cada vez mais, do materialismo desenfreado e das ilusões consumistas, para favorecer coisas mais importantes.

Há problemas sérios no mundo, muito sérios, que precisam da atenção de todos e da ajuda benéfica de quem decide ser correto e mais humano. Ajudemos o próximo, da melhor maneira que pudermos, uns mais e outros menos. Vamos ser mais espiritualistas, mesmo no aconchego do templo de nossos corações.

Diógenes, o esplêndido filósofo tão combatido injustamente, costumava dizer para seus discípulos: "Vocês perdem a própria vida que procuram quando se espojam em luxos estúpidos. Não precisam dessas coisas pelas quais se esforçam. Não sintam o medo de não terem nada. Não hesitem em ser ninguém. A felicidade não é o que se tem, mas o que se é. Vocês todos já são exatamente aquilo que precisam ser. Não tenham medo nem preocupação. Vivam livres, calmos e em paz".

A iluminação divina é coisa pessoal. Temos que obtê-la direto do Cosmos, por contato fiel e com muita FÉ.

Cada um tem que obter essa divina iluminação para si próprio. Só depois descobrirá e sentirá o que realmente significa o REINO DE LUZ, ou o PODER CÓSMICO DE DEUS.

Não é tão difícil. Você vai querer contato com o que está ligado dentro de si mesmo, no seu interior, e não no Universo distante, a galáxias de distância. Você quer ligação apenas pela sua própria essência de vida humana.

"Livremo-nos,
cada vez mais,
do materialismo
desenfreado
e das ilusões
consumistas,
para favorecer
coisas mais
importantes."

Nós nos fazemos

A vida não é uma coisa tão simples que basta a boa sorte para nela vencer. Aliás, a sorte e o azar não existem, assim como não existem a coincidência e o acaso. Tudo o que nos acontece ou é programado do Alto, ou somos (na maioria das vezes) nós mesmos que provocamos ou programamos em nosso computador mental!

Temos o nosso computador no cérebro, e pela mente o controlamos e programamos. Mas ele só executa ou realiza aquilo que nele programamos. Nada mais e nada menos. Somente colhemos a espécie que plantamos. Nosso computador nos obedece cegamente e só faz acontecer aquilo que pensamos ou atraímos. Até os acidentes são programados por nós mesmos, de uma forma inconsciente ou por autopunição. O complexo de culpa de uma pessoa é um grande gerador de acontecimentos ruins e negativos. E a vontade inconsciente de se castigar produz muitos acidentes com a própria pessoa.

O computador, repito, só executa e realiza aquilo que programamos nele.

Acostume-se, portanto, a ter hábitos positivos, construtivos, de sucesso, alegria e felicidade. Programe somente coisas boas no seu computador interior, somente o ótimo acontecendo. Anule o pessimismo, não programe nada negativo no seu computador, um lugar sagrado na sua mente exclusivamente SEU. Seja feliz, espere sempre pelo melhor.

“O complexo de culpa de uma pessoa é um grande gerador de acontecimentos ruins e negativos.”

Queira ou não queira

Agindo certo ou errado, sendo correto ou desonesto e até mesmo marginal, criminoso, mafioso, agiota, avarento, ganancioso, aflito por fama ou poder, pagão, ateu, luxurioso, supermaterialista, cheio de egoísmo, não importa como você esteja ou como viva, sempre será (queira ou não) um ser espiritual e filho de Deus!

São as suas raízes, é a sua origem ser filho de Deus. Mesmo que você fuja dessa realidade ou negue e até deboche dessa origem divina, nada o fará deixar de ser filho legítimo e herdeiro de Deus.

Tanto melhor se você, em vez de se afastar do PAI, se voltar novamente para Ele para manifestar nesta vida e em seu corpo a expressão divina e maravilhosa de filho pródigo que volta arrependido. Então será recebido com honras, glórias e festas por esse Deus Pai que nunca deixou de amá-lo nem por um segundo, mesmo quando você estava errante e perdido na noite negra de sua mente conturbada pelos erros (às vezes graves, muito graves) das ilusões desta Terra tão falsa e ilusória.

Deus Pai, agindo muitas vezes através da intercessão de Jesus Cristo, jamais deixou de perdoar um ser humano que resolve, por iniciativa própria, voltar às suas origens, às suas raízes de filho de Deus. Esse PAI divino é o criador de todo o Universo e superpoderoso. Mas é boníssimo e misericordioso. E se alegra, junto aos santos e mestres invisíveis, quando um antigo pecador acende a luz na sua escuridão interior e se arrepende, abominando os erros do passado e desejando ajuda para recomeçar uma vida nova, para renascer no espírito.

Jamais filho algum pediu ajuda poderosa de Deus Pai e deixou de ser atendido. Deus não falha nunca! E sua ajuda não é pequena nem pela metade. É total e infalível, abrange todos os setores da vida arrependida e renascida no espírito: a saúde, a paz de espírito, os bens materiais, a riqueza, a abundância, todas as necessidades deste mundo, o amor, a harmonia na família e nos negócios, a alegria de viver e a felicidade verdadeira e duradoura.

Nada lhe faltará, e você repousará em campinas verdejantes, junto a águas limpas da cachoeira e do riacho.

A tempestade, tendo se afastado com as nuvens negras dos erros, deixou para você um maravilhoso arco-íris, que colore com todos os tons as flores da campina verde. Você estará no Nirvana, no paraíso na Terra, completamente livre de medos, preocupações e desejos desnecessários. Independente.

Como filho desse Deus Pai que sempre o amou, desde antes de você existir, você tem direito a ser feliz e herdar todas as benesses celestiais. Porque você foi criado à imagem e semelhança de Deus e é seu legítimo herdeiro.

Maravilhas acontecerão na sua vida. Acredite até em milagres, porque eles também acontecerão.

Acredite. Tenha fé, esperança, amor, caridade, perdão, doação, ajuda aos outros, resignação, meditação pessoal, pacifismo.

Mas o que vale mesmo é termos consciência de nossa grande responsabilidade como ser humano vivente, criado por Deus Pai e agora com esse corpo supermaravilhoso para servir de templo para nosso espírito de filho de Deus eterno e perfeito.

O que importa é termos convicção de que só se leva desta vida... a vida que a gente leva. Certeza de que temos dentro de nós mesmos toda a força e o poder para fazer da vida aquilo que queremos fazer.

E vale também saber que temos que viver esta vida da melhor maneira possível. Temos que corrigir (mesmo aos poucos) os nossos erros, falhas e defeitos. E aprimorar nossas possíveis virtudes. Temos que ajudar o próximo no máximo que pudermos. E saber sempre que, não obstante o mundo ser tão cheio de absurdos, podemos, ainda assim, viver num patamar mais alto, mais digno.

Vivendo aqui na Terra, mas pairando acima dela.

Saber que viver corretamente, assim, agrada muito a Deus. E me preocupo em escrever não para um futuro incerto, mas para a vida que levamos aqui e agora, em escrever para o homem e a mulher de hoje, e dizer a todos que podemos ser felizes... se quisermos ser felizes.

Nada de sonhos e utopia que não ajudam nada. Vamos partir para uma realidade espiritual, verdadeira e sem ilusões. Sejamos autênticos e LIVRES.

*

Ninguém pode renunciar ao mundo, às decepções, à ganância, ao orgulho e à vaidade, ao sexo material e animal, ao ódio e às paixões sem uma profunda DISCIPLINA ESPIRITUAL!

Não podemos sentar quietos numa caverna e ficar pensando nos prazeres do mundo; seria um erro e uma tortura.

Para a renúncia são necessárias, antes de tudo, uma profunda disciplina espiritual e uma entrega consciente, firme e convicta a Deus Pai. Depois, sim, nos afastamos de todos os erros e ilusões do mundo!

É preciso também ser simples, humilde, manso, calado e tolerar toda injúria. Não aceitar nem ligar para ofensas… e não ter paixão. Afastar-se sempre do maligno e das pessoas más e que só querem tirar o que é seu… sugar e torturar. Devemos nos afastar, mas não brigar.

“Maravilhas acontecerão na sua vida. Acredite até em milagres, porque eles também acontecerão.”

Louvado seja o amor cristão

O Amor Cristão está em toda parte, basta querer tê-lo.

Está nas grandes cidades, na roça e nas fazendas, na natureza, nas pedras e nos riachos, nas cavernas dos antigos tempos de antes de Adão, nos vilarejos da África, nas míseras cabanas da América Latina, nos ricos castelos da Europa, nas luxuosas mansões, nos becos onde se recolhem os mendigos.

Nos lares da classe média, nas tendas dos beduínos e nas lonas furadas dos desertos, nos gelados iglus dos esquimós, nas frias e vazias regiões árticas, nas florestas da Amazônia, nos ermos tropicais da Ásia e nas matas solitárias de toda parte, nos lugares de pedra e sem água nem plantas, nos imensos oceanos e vastos mares de água sem fim, nas ilhas desertas, nos lagos esquecidos e sem peixes, nas pequenas aldeias ou povoados sem comida ou qualquer outra coisa.

O amor cristão está em toda parte. Basta querer tê-lo. E, se o grupo que segue Seus ensinamentos for aumentando, dia a dia, passo a passo, com muita fé, o mundo todo vai melhorar muito.

Renascer mesmo...

Não! Não é saudável viver só pensando nos erros passados!

É possível (se quisermos) viver só no presente, com um pouquinho de futuro próximo, na imaginação. Sim, é possível.

E partir para uma vida nova, renascida... fixado a uma espiritualidade sadia, só pensando o bom e maravilhoso para si e para todas as pessoas.

Você não pode mudar sua vida, não pode renascer, se não esquecer todo o passado.

O passado já passou e não volta mais. E, sem se libertar do que já lhe aconteceu (principalmente dos fatos negativos), você jamais poderá começar uma vida nova.

Porque para renascer você precisa estar livre, absolutamente livre de todas as correntes, sejam da sociedade, da família, dos negócios ou do romance.

As correntes já o escravizaram muito. E continuarão a prendê-lo no negativismo se você não as romper.

Liberte-se. E comece a ser feliz, porque você tem esse direito.

*

É verdade que os encantos, as tentações e as atrações do mundo são muito poderosos, mas um ardente desejo de iluminação não permite ao aspirante desviar-se do seu caminho.

*

Esqueça definitivamente o passado, ele não voltará jamais.

Não é sábio ajuntar todas as penosas recordações da vida passada, injustiças e decepções e falar tanto sobre elas e lamentá-las tanto que nos sintamos esmagados pelo desânimo. Uma alma desalentada acha-se rodeada de trevas, está na escuridão, excluindo a luz de Deus de si própria, e lançando sombras no seu caminho e no caminho dos outros!

Fale mais de bênçãos, de coisas boas que lhe acontecem agora, e esqueça o passado. Pense, imagine e planeje o futuro, o seu amanhã será radiante.

Fale menos, ou nada, de provações e sofrimentos que já teve! São águas passadas. Lembre-se de que está sempre conosco a bondosa misericórdia do Senhor.

Tenha sempre fé, otimismo e esperança.

Se, após ter nascido como ser humano, a pessoa não eleva o pensamento às coisas espirituais, se assemelha a alguém que retornou de mãos vazias do país de pedras preciosas!

*

Aconteceu a você o pior? Muito bem, enfrente os fatos! Deixe de lado as preocupações. E depois faça alguma coisa para remediar a situação.

Se for preciso, esqueça! O passado já passou, não volta mais.

*

Você pode viver uma VIDA NOVA e MELHOR.

Estou convicto de que qualquer tipo de toxina no organismo (seja por fumo, drogas ou bebidas) provoca um estado de medo insuportável e uma preocupação exagerada.

A pessoa intoxicada é neurótica, medrosa, insegura e deprimida. E triste, melancólica. Qualquer toxina provoca um estado físico e orgânico de medo!

O medo doentio, assim gerado, só termina quando a pessoa deixa as drogas, o fumo e o álcool. Deixar completamente, de uma vez, e não aos poucos.

Quando o viciado para, assim de repente, surge no organismo a síndrome da abstinência, que é terrível (mas apenas por uma semana). Depois tudo volta ao normal, e é uma grande vitória da pessoa contra o medo, a ansiedade e a insegurança de viver!

“Fale mais de bênçãos, de coisas boas que lhe acontecem agora, e esqueça o passado. Pense, imagine e planeje o futuro, o seu amanhã será radiante.”

Uma luz na escuridão

Quando se sentir nas trevas do desânimo, cansado pela dor ou pela aflição, quase vencido por muito sofrimento, pegue o último resto de força que você ainda tem e socorra-se com a bondade infinita de Deus Pai. Você verá Luz nas suas trevas!

Reaja, faça um esforço espiritual, medite e reze, por mais duro que seja. Perceba sua relação com o Poder Cósmico de Deus. Uma simples pessoa, sozinha, pode ser vencida facilmente, mas se ela estiver animada no interior pelo poder de Deus, se tornará invencível. Ninguém, nem nada, a vencerá!

"Buscai, portanto, primeiramente o Reino de Deus e a sua justiça, e todas as coisas de que precisa lhe serão acrescentadas."

Sim, você finalmente terá encontrado a chave da felicidade. É assim tão simples e tão fácil, mas você custou tanto a compreender...

Não busque aqui na Terra, entre os homens, a sua Paz Interior, a luz para a escuridão de seus problemas, dores e aflições!

Busque primeiro o Reino de Deus e sua justiça, pela oração e meditação pessoal e pura, simples e cheia de muita fé.

Acredite. Deus Pai se preocupa com você, ajuda-o e o ama. Ama muito. E todas as coisas de que você precisa, para essa luz maravilhosa, lhe serão dadas e fornecidas do Alto.

Toda a paz e a felicidade a que você tem direito, como filho ou filha de Deus, como segmento dele próprio, lhe serão fornecidas, não pelos seus merecimentos, mas por sua fé e pelo amor de Deus, que supera tudo neste mundo. E você não paga nada.

Eis um testemunho, citado por Dale Carnegie: "Depois que compreendi isto, como me livrar de aflições e problemas, um milagre aconteceu. Minha tensão nervosa se desfez. Minhas ansiedades, meus receios, minhas preocupações transformaram-se em confortadora CORAGEM, em esperança, em fé, triunfante! Senti-me feliz, embora cheio de dívidas e sem dinheiro algum!".

Transforme sua atitude interior de medo numa atitude de luta.

Mas tenha, também, fé em si próprio, tenha autoconfiança, mesmo nos momentos difíceis. Você, com Deus e o escudo protetor de Cristo, vencerá!

*

O melhor elixir da longa vida é manter a frugalidade e a sobriedade. Comer pouco e não beber nada de álcool. Não fumar e não usar as drogas diabólicas. Beber muita água pura e fazer caminhadas diárias.

O importante é que ajudemos uns aos outros

Nem é preciso amar, basta ajudar em todos os sentidos. Ajudar não agredindo, não guerreando. Mas dando roupa e comida, apoio moral, força.

Ajudar com mais tolerância, simpatia e amizade pelos outros. Abolir todo tipo de preconceito. Conservar o ecossistema mais puro, sem acabar com as espécies animais ou vegetais, sem devastar as matas, que são o pulmão do mundo. Sem poluir, nem o ar, com impurezas, nem os rios e mares. Sem a poluição sonora, a poluição moral e a poluição da dignidade humana.

Sem roubar, sem prejudicar. Dando água a quem tem sede e pão a quem tem fome, sem distinção nenhuma. Diminuir a tremenda fome.

Socorrer os doentes e os que sofrem de males mentais e emocionais. Consolar os tristes, aflitos, deprimidos, temerosos, doentiamente preocupados, desanimados e sem recursos.

Ajudar ao máximo, com carinho fraterno e não com culpas e condenações, os alcoolistas, os toxicômanos, as prostitutas vítimas da sociedade, os fumantes destinados ao câncer, os marginalizados de todo tipo.

Ajudar as crianças famintas ou abandonadas na rua e os idosos rejeitados pelas famílias. Ajudar todos que puder ajudar, dentro de suas condições de capacidade e dinheiro.

Somente isso – e é o quanto basta para melhorar tudo e salvar a humanidade do caos, do fim, da própria destruição.

Depois, quem sabe num dia mais próximo do que imaginamos, tendo todos executado essa nobre missão de ajudar o semelhante, quem sabe, então, possamos nos ajoelhar (em casa mesmo) e agradecer, do fundo do coração, a Deus Pai por Ele ter nos ajudado a ajudar.

Que cada geração vá deixando, para a próxima, melhores dias.

Tudo depende de nós mesmos.

Com caridade e ajuda aos outros, ajuda ao próximo de alguma forma, todo pobre é rico. Sem caridade e sem ajuda, com egoísmo, vaidade e orgulho, todo rico é pobre!

Tudo depende de nós mesmos

Que cada geração vá deixando para a próxima geração melhores dias. Que cada um construa um santuário no próprio coração, para evoluir como pessoa e crescer como gente.

Vivamos, o melhor possível, nossa vida na Terra. Não sabemos para que outra vida iremos depois desta, nem para que outro mundo. Deus foi muito inteligente quando limitou a nossa inteligência.

Estou cansado de dizer que uma pessoa pode ser muito feliz morando numa simples cabana no meio da mata, enquanto outra é tremendamente infeliz e lacrimosa vivendo no berço precioso de um rico palácio cercado de belos jardins.

A cabana e o castelo, a felicidade não está neles, está no coração da pessoa que vive neles.

Pode até não haver outra vida para nós que nascemos aqui na Terra. O nosso destino pode ser somente aqui, e nada mais. Qual seria, então, o sentido da vida?

É muito simples entender. O sentido da vida, para nós aqui neste mundo, seria ajudar uns aos outros. Ajudar ao máximo o maior número de pessoas, para que cada geração vá deixando, para a próxima, melhores dias.

Assim fazem os grandes benfeitores da humanidade. Os mestres que nos ensinam uma vida mais correta, mais digna e menos orgulhosa, mais simples e produtiva, de auxílio aos necessitados, de doação do que podemos dispor. Uma vida mais carinhosa e de ternura, de elogios e tolerância, mais simples, fiel e amiga. Uma vida de afeto, e não de briga, sem conflitos e agressões, sem ofensas, e mais tolerante, com mais agradecimentos e menos reclamações, respeitando todos.

Grandes benfeitores que, ao morrerem, deixaram melhorias notáveis para a vida na Terra. E pequenos benfeitores que deixaram tanta saudade positiva em nossos corações, tantas lembranças lindas, das quais não nos esqueceremos jamais.

Pelo amor de Deus, meu caro leitor, tenha o seu valor nesta vida, por mais simples que seja. Se ainda não faz, procure fazer alguma coisa que ajude o próximo. E o próximo pode estar bem junto de você. Ajude. Às vezes, até palavras bondosas de elogio têm um grande valor. Encoraje quem está desanimado, dê esperança a quem está doente, transmita paz aos aflitos, preocupados e temerosos, leve a luz aos que estão nas trevas das decepções e maldições deste mundo.

Seja útil, tenha bondade e caridade, tolere até as ofensas, perdoe e ensine o perdão, ajude os que sucumbiram às drogas e bebidas, procure tirar do crime os que estão no mau caminho. Ensine o amor desprendido aos seus filhos, conduza-os para os bons caminhos da virtude.

O mundo ainda tem coisas demais para serem consertadas. Meu Deus, estamos ainda muito atrasados em tudo. Ainda há guerras e mortes estúpidas. Ainda há milhões de pessoas passando fome, ou na mais profunda miséria.

Ainda há doentes que não conseguem remédios nem tratamento e, quando morrem, são enterrados em covas rasas.

Ainda existem desempregados no mundo inteiro sem a mínima condição de levar comida ou abrigo para a família. Os desabrigados, sem ter onde morar.

Os sofredores de todo tipo e de toda espécie, muitas vezes pedindo uma ajuda, por mais simples que seja, mas que não aparece.

Os miseráveis, humilhados e ofendidos. As crianças abandonadas, os hospitais fechados por falta de recursos, os idosos vivendo os seus últimos dias sem a possibilidade de um adeus mais digno e menos infeliz.

São tantos os problemas dos seres humanos que nos preocupamos mais com a vida na Terra do que com uma possível vida após a morte, em outro mundo qualquer.

O que importa é aqui e agora. Que as pessoas mais ricas criem vergonha e se amedrontem um pouco com o que pode lhes acontecer ou com toda a sua família milionária. Não guardem o ouro e o poder somente para si próprios. Repartam esse dinheiro com os pobres e necessitados. Tornem bonitas as fortunas medonhas, muitas vezes maléficas.

Para que ter demais se a grande maioria não tem nada?

Que as pessoas com talento ajudem com sua inteligência privilegiada a melhorar a humanidade sofredora.

Não usem suas habilidades somente para ganhar dinheiro que satisfaça a suas vaidades. Que os médicos sejam mais humanos e menos mercenários. Que a indústria farmacêutica mundial seja menos mafiosa. Há muita gente, por toda parte, morrendo por falta de remédios ou porque não tem o dinheiro para cada caixinha nas farmácias. Que os milionários sejam menos ricos, e os pobres, menos pobres.

Que acabem os psicopatas fazedores de guerras. Os malignos e malvados causadores de morticínios e torturas, maus espíritos possessivos de fabricantes de armas e de governos de vergonha. As guerras sempre satisfazem a poucos egos doentios.

O mundo não precisava ser assim. Poderia ser muito, muito melhor. O próprio homem é o causador de sua desgraça. A divisão de riquezas no mundo é uma coisa alarmante: uma grande maioria sem quase nada e uma minoria com dinheiro demais.

Erros absurdos campeiam por toda parte.

Mas é muito difícil controlar a estupidez humana. É muito difícil ensinar o homem a melhorar de vida e ser uma pessoa correta e digna de ser filho de Deus.

Aliás, Deus está muito longe da maioria das almas viventes, porque as próprias pessoas não querem saber de Deus.

"Para que Deus, se vivo bem com meu imenso iate que tem muitos beliches e torneiras de ouro?"

Antes eu pensava que a Terra era uma das passagens de nosso caminho rumo à casa de Deus Pai. O Reino de Luz, que eu sempre imaginava maravilhoso, onde não havia problemas, tristezas, doenças, velhice nem morte.

Hoje, a minha teoria do Reino de Luz já está ameaçando se modificar.

Estou achando que, quando o homem morre, o seu espírito volta às raízes de onde veio, sei lá onde, no Poder Cósmico neste espaço sideral. E aqui, no mundo, não fica mais nada do ser que viveu, a não ser as suas coisas materiais e a possível lembrança da vida que a pessoa levou. Uma saudade ou recordação tanto maior quanto tiver sido a ajuda humanitária que a pessoa tiver deixado, como benfeitora num mundo tão errado e tão ingrato.

Eu, por exemplo, me lembro (saudade, recordação) muito de meu falecido pai. Ele tinha seus defeitos, mas foi uma pessoa muito boa, caridosa, tolerante, amiga, e deixou muita ajuda para os mais pobres e necessitados em creches, hospitais, asilos e orfanatos etc. Ele tratava todos da mesma maneira.

No entanto, sinto e percebo que ele (ou espírito dele) não se encontra mais por aqui. Se existe espírito eterno, ele está muito longe daqui, desta Terra. Mas ficou a sua obra, o bem que ele fez a todos, a sua bondade numa lembrança que jamais acabará.

Que cada geração vá deixando para a próxima geração melhores dias. A vida continua, façamos bem-feita a nossa parte aqui na Terra.

Você e os outros

Não nos ocupemos em ver as culpas e as fraquezas dos outros. Antes de apontar os defeitos dos outros, examine os próprios defeitos! E os seus podem ser até maiores do que os de quem você acusa.

Enquanto temos facilidade de ver as culpas e falhas de comportamento do outro, suas atitudes incorretas ou erradas, não estamos nos esquecendo dos nossos próprios erros de atitude ou comportamento? Será que somos perfeitos?

Ou nos enganamos, isto é, nos iludimos? E, quando temos tantas falhas na vida, acusar ou pensar mal de outro pode ser uma fórmula de defesa.

Isso acontece muito com os casais – e também no trabalho, com amigos, família etc.

Acostume-se a ver somente o BOM e o CERTO, o positivo em todos.

Para os acertos e as virtudes, seja atento.

E para os erros, seja cego.

Procure, antes de mais nada, melhorar e corrigir a si mesmo!

As nossas más qualidades, os nossos defeitos se acentuam com os anos (estejamos atentos).

É preciso ampliar, sempre mais, as fronteiras de nossa beleza interior.

Sejamos sempre orientados pelo nosso espírito. Orientação do espírito, ação controlada pela mente superior, atitude calma do nosso raciocínio livre e em paz.

Mas nunca esquecendo: é o nosso espírito que deve reger toda a nossa orquestra.

Orai e vigiai o tempo todo

Manter-se o tempo todo sintonizado com o Reino de Luz. Não nos desligarmos nunca por nenhum motivo, porque estar longe dessa sintonia, por menor que seja o tempo da separação, pode permitir que o escudo protetor se afaste de nós!

O começo da ansiedade é o fim da fé. E o começo da fé é o fim da ansiedade.

Por que ter medos e preocupações se você confia no Grande Mestre e ele não falha nunca?

Perdemos a luta quando nos voltamos mais para as dificuldades do que para as promessas do Cristo de nos ajudar.

Em vez de pensar no problema que o aflige, pense em uma solução. Em vez da aflição, pensar na solução é muito mais certo.

Os chefes de todos os demais vícios são o orgulho e o amor-próprio, a vaidade por si mesmo. E o exercício das virtudes é comandado pela humildade e ajuda aos outros. E não se discute mais, que seja feita a vontade de Deus.

Nossa parte inferior é a inclinação dos sentidos e dos instintos. Nossa parte superior é nossa inclinação do amor puro e a presença de Deus em nós.

Os nossos erros

Nem sempre cuidamos de ser bons, e, sim, cuidamos de parecermos bons...

Muitas vezes somos levados a desprezar ou culpar os outros e interpretar suas ações com mau sentido.

Somos dominados, por fraqueza espiritual, para as coisas e leis da Terra. O mundo, muitas vezes, nos subjuga.

Julgamos, muitas vezes, as coisas conforme nossas inclinações, e não segundo a realidade justa.

A comodidade e o prazer de ficar quieto nos vencem muitas vezes. E tudo que vem nos prejudicar o descanso ocioso da comodidade nos enerva e revolta. E inventamos logo um motivo de conflito para continuarmos sossegados.

Não podemos, portanto, deixar que as emoções do mundo destruam nosso caminho rumo ao Reino de Luz.

Tenha fé e calma!

Nunca tente ensinar a Deus o que deve ser feito. Suplique, confie e espere sentir o que Deus quer que seja feito.

Medite, entre no silêncio de Deus...

Não confie nunca em sua autossuficiência; você já errou demais, chega! Fique calmo e aguarde as ordens, inspirações e mensagens do Alto.

Nada que os outros possam fazer ou dizer pode perturbar aquele que está firme no Poder Cósmico de Deus.

Não importa que haja mil e uma coisas a pressioná-lo. Não se preocupe com tantos problemas a atormentá-lo. Obstáculos, ofensas, conflitos pequenos e graves, separações, desilusões, perdas... Nunca entre em pânico.

Se você acreditar mesmo e se entregar com FÉ em orações, súplicas e meditações, nem precisa mais se debater em aflições. Será formado em volta de você um escudo protetor, divino, vitorioso, infalível, comandado do Alto.

A luta será de toda a falange Divina e sua misericórdia. Confie e espere.

Mantenha toda a sua vida com total sinceridade a essa orientação.

Por acaso você está recebendo algo de alguma outra fonte que não do próprio Deus?

Se estiver dependendo de outra coisa que não Dele, nem perceberá sua falta se Ele se retirar.

Nascer de novo, renascer no espírito para evoluir, é estar mediante um perene suprimento de vida de Deus.

Toda a nossa essência de vida vem de Deus. E todas as nossas emoções e o sentimento também devem estar ligados a Deus, sejam espirituais, morais, comerciais ou corporais.

Não existe, no mundo inteiro, dinheiro que pague os suprimentos que nos emanam do Reino de Luz: iluminação, orientação e proteção.

No entanto, eles nos são fornecidos gratuitamente e sem nos exigir nada, senão acreditar...

*

Nunca devemos nos desesperar, em momento algum de nossas vidas, nem no meio de uma forte tempestade ou perdidos no deserto ou nas noites escuras da existência. O medo, o desespero, a angústia, a depressão, a tristeza, o desânimo e todas as atitudes negativas significam que estamos afastados de Deus, sem fé e esperança.

Mas Deus Pai nunca nos abandona, nem quando somos errados e ingratos com Ele, nem quando o traímos e nos entregamos aos falsos prazeres desta terra cheia de ilusões materiais.

Deus Pai nos ajudará sempre. Principalmente quando nos voltarmos para ele, como o filho pródigo que esbanjou toda a sua fortuna divina.

Então, quando voltarmos a ter fé e esperança e acabarmos com as falsidades e ilusões materiais, Deus muito se alegrará conosco e nos dará todas as graças da alegria de viver e da paz de espírito.

“Se você acreditar mesmo e se entregar com FÉ em orações, súplicas e meditações, nem precisa mais se debater em aflições.”

A grande mudança

Então, como o leitor já sabe: somos o que pensamos, sentimos e imaginamos. Se tudo não está correndo bem em nossa vida, devemos mudar nossos pensamentos. E mudaremos nossa vida.

Mudar nossa consciência é a única coisa que vale realmente a pena fazer. Construir um santuário de luz, paz e amor em nosso coração atribulado.

Construímos esse santuário no coração por meio da oração e da meditação constante e persistente. Sem persistência não há vitória, nem no espiritualismo nem na evolução pessoal. Renascemos em espírito, nos tornamos uma nova pessoa, com uma VIDA NOVA. Mudamos totalmente nossos pensamentos, acabamos com nosso pessimismo e negativismo, terminamos e esquecemos para sempre nossos erros: grandes e pequenos, simples e graves.

Como disse Emmet Fox: "Tão logo você obtenha consciência espiritual, verá que todas as coisas começam a trabalhar para o seu bem. Você terá perfeita saúde, prosperidade, abundância e completa felicidade. Sua saúde será tão boa que o simples fato de viver constituirá uma alegria enorme. Seu corpo sadio parecerá dotado de asas. Terá tanta prosperidade material que não precisará preocupar-se mais com dinheiro. Sempre terá o necessário para realizar todos os seus planos. O mundo lhe parecerá cheio de gente encantadora, ansiosa por ajudá-lo de todas as maneiras. Toda a sua energia, suas ideias e atividades encontrarão expressão. Você será útil, uma pessoa feliz e querida dentro de sua NOVA VIDA mais espiritualizada".

Você sabe que não precisará ser santo nem santa, nem perfeito. Basta que elimine os seus erros maiores e mude o pensamento, o sentimento e a imaginação para o bem, o correto.

Deus Pai nos ama e nos quer felizes, em todos os sentidos. E se alegrará e apoiará essa nova pessoa, maravilhosamente transformada. Você.

Saiba que só mediante uma mudança de consciência, para melhor, podem ser alterados a vida que está ruim e as condições externas do homem, a saúde, a prosperidade, o amor e a paz de espírito, tudo que não está bom.

Mude seus pensamentos e mudará sua vida.

Evite brigas e conflitos

No momento em que sentimos subir um impulso de raiva, motivado por alguém, devemos evitar qualquer gesto ou palavra de irritação.

Devemos, mesmo com raiva inevitável, pensar assim: "Essa pessoa está nas trevas materiais. Que Deus lhe dê a luz do espírito. Amém".

Ninguém pode ferir o nosso amor-próprio se não consentirmos, se formos superiores, numa calma espiritual de paz. E tudo passará. A pessoa que ofendeu terá a ofensa voltada contra si mesma. E sofrerá na justiça de Deus.

Quando reagimos a uma ofensa, com orgulho, isso nos leva a brigas, discussões tolas ou agressividade. Uma pessoa orgulhosa tem um amor-próprio exagerado e está sempre brigando, por uma coisa ou outra.

Se você, caro leitor, é orgulhoso, decida-se a mudar. Faça um esforço espiritual para se tornar mais simples, mais humilde. Ser calmo e manso de sentimento e emoção. É natural ter raiva, às vezes é inevitável. Mas não é certo que haja irritação, revolta e revide. Precisamos ter uma atitude de não resistência quando sentirmos raiva ou formos ofendidos, por mais dura que tenha sido a ofensa.

Cristo nos ensinou a sermos "mansos e humildes de coração, e isso só nos levará à vitória!".

Só o amor, a tolerância e o perdão é que constroem. O orgulho, a soberba, a prepotência, o poder e o abuso do poder somente destroem.

Se o homem tivesse mais amor, tolerância e perdão, não haveria guerras, crimes, torturas, assassinatos, nem sequer os erros absurdos deste mundo.

Deus não tem culpa nenhuma. Criou o homem perfeito e bom, mas o próprio homem atrapalhou tudo, envenenando a sua mente.

Não quero dizer que você deve deixar de lutar por uma causa, deve se entregar e desistir de uma batalha na luta da vida.

Absolutamente. Acho apenas que deve evitar ações e palavras de irritação e raiva. Deve não resistir ao mal e ter uma política de não resistência a ofensas.

E, também, deve evitar discussões tolas que não conduzem a nada e só desgastam. Deve tornar-se mais simples, caso seja uma pessoa orgulhosa e prepotente.

Mas deve continuar com um destemor positivo e otimista, persistente na busca e no encontro das suas metas de vitória e sucesso na vida, em todos os sentidos.

O orgulho é tolo, inútil e destrutivo. A vingança é um mal desnecessário, porque um erro não justifica outro erro. Só a simplicidade, o perdão e o verdadeiro amor constroem.

“Tudo que
você faz de mal
ou de errado
com os outros
volta-se contra
você mesmo.”

*

Se destruímos os sonhos e planos no coração de uma pessoa, teremos destruído essa pessoa também.

Porque, quando a esperança morre, em sua agonia ela grava em nosso peito a palavra FIM.

Aproveite suas experiências mais jovem

Absolutamente não apoiamos a teoria que promove o "viver o agora" ou o momento presente sem considerar nem o passado nem o futuro. Para nós, é uma teoria materialista, imediatista e sem sentimentos.

É claro que temos que viver o momento presente, é óbvio que o AGORA é o que vivemos, o ato neste instante, seja de agir, pensar ou respirar.

Todavia, nós da Filosofia da Esperança perguntamos:

1. Por que não aproveitar as valiosas experiências do passado? Tanto os erros (e principalmente eles) como os acertos do passado são de valor inestimável, valem ouro. Pelos erros cometidos, aprendemos a não errar. E de que outra forma aprenderíamos? Sabemos que um negócio, uma união, um estudo etc. não é melhor para nós somente depois de viver o negativismo dessas coisas. Viver, sentir na própria carne, o que não é bom para nós. O passado é realmente uma escola de vida que não pode ser dispensada.

2. Por outro lado, por que não programar o FUTURO? Todos os grandes mestres da humanidade, desde os antigos egípcios e os monges do Himalaia, são unânimes em destacar o valor, para o sucesso em todos os sentidos, de um plano de vida. Nós temos a capacidade de programar a nossa

vida e o nosso destino, fazendo dela o que desejamos que seja, conduzindo nosso barco para a maré tranquila da felicidade. E com vistas ao FUTURO fazemos isso, planejando nossa vida como se fosse um negócio de bilhões. O que é, na verdade, embora muita gente viva como se sua própria vida não valesse R$ 0,10.

Permita-me um aparte: se o maior milionário do mundo quisesse comprar sua vida, neste instante, não importa sua idade ou seu estado de saúde, por US$ 100 milhões – uma fortuna que dá para comprar uma pequena cidade –, você venderia?

Pense, pense bem, não tenha pressa de responder: você venderia?

Tenho certeza de que não, ninguém venderia a própria vida, por nenhum dinheiro deste mundo. Nem o mais esfarrapado e faminto indivíduo faria isso. Mesmo porque o raciocínio é lógico: de que adiantaria tanto dinheiro se o possuidor não tivesse mais vida para desfrutá-lo?

Pense bem, você está VIVO e tem toda a liberdade de ser O QUE QUISER. Valorize o seu presente, o AGORA, e planeje com entusiasmo o seu FUTURO. Coloque numa caderneta os seus objetivos, primeiro "objetivos e metas", "objetivos de curto prazo", mais imediatos, inclusive físicos: melhor aparência, mais cuidado com a saúde, emagrecer tantos quilos, evitar aquelas companhias negativas, desempenhar melhor a função no emprego, perdoar, tolerar mais...

Ninguém melhor do que você sabe o que deve programar para melhorar sua vida em curto e médio prazos, para conquistar o direito à felicidade.

Pense! Analise o que tem feito, o que tem pensado (principalmente de errado) e o que tem sido a sua vida! Não é grande coisa? Então, o culpado é você, ninguém mais. Você é LIVRE, e, se deixa se envolver pelos outros ou pelas circunstâncias, você próprio é o culpado, porque é dono absoluto de seus pensamentos, de seu querer, de seu destino.

Pense! E faça uma nova apreciação de si mesmo.

Tome a decisão de uma VIDA NOVA, muito melhor, mais valorizada, dinâmica, rica e feliz...

Para você pensar

Sintomas emocionais significam que existem emoções que você está reprimindo! Procure descobrir, se preciso com a ajuda de um terapeuta, que impulso quer existir e que censor (criação errada na infância, a memória de um fracasso?) impede essa existência.

Se você quer "ser" ou "sentir" um impulso emocional e não o faz (por várias razões), se sentirá frustrado e deprimido.

Querer ser amado por alguém e não ser, por exemplo, pode provocar uma grande vontade não satisfeita e, portanto, frustradora.

Qualquer desilusão é geradora de sintomas que impedem a felicidade. Qualquer desejo natural reprimido, principalmente o sexo, provoca sérios conflitos interiores, inclusive de rejeição e inferioridade.

Entretanto, não se deve insistir no impossível nem resistir ao inevitável.

Aconteceu? Tudo bem, vamos partir para uma possibilidade mais (como diz o nome) possível de alcançar. Vamos descobrir o que queremos de fato, o emprego ou a função certa, o esquema certo (e natural) de vida. Forçar a barra é negativo e provoca inúmeros sintomas emocionais.

A mente equilibrada, sem fugir do possível nem insistir no impossível, permite uma tranquila paz de espírito e uma vida mais saudável e feliz.

“Medite profundamente, faça sua autoanálise, conheça-se melhor.”

Evolução

Lembre-se, a todo momento, de que somos filhos de Deus e temos o REINO DE LUZ em nosso coração. Somos seres espirituais, e não corporais. O corpo material nos serve para manifestarmos a nossa vida no planeta Terra, mas, na verdade, somos espíritos perfeitos e eternos. A duração deste corpo (que devemos tratar muito bem) é muito pequena, comparada à eternidade de nosso espírito.

Assim, obtido o boníssimo perdão de Deus por nossas faltas passadas e tendo recebido o Espírito Santo de Cristo em nosso coração, devemos continuar firmes na promessa que fizemos (a sós) a Deus

Pai de nos esforçarmos ao máximo para errar menos, para não mais sermos enganados pelas ilusões materiais e passageiras deste mundo ignaro.

Continuamos nossa vida. Familiar, social, comercial etc. Tudo exterior parecerá o mesmo. Mas sabemos que, no interior, somos agora outra pessoa, renovada no espírito em uma NOVA VIDA.

Isso é maravilhoso. Conheceremos a incrível força positiva do CHRISTUM PAX, Paz de Cristo – que supera todos os poderes da Terra e significa a maior riqueza deste mundo, a PAZ DE ESPÍRITO em nós. A alegria de viver, a verdadeira felicidade, a saúde completa e a prosperidade espiritual e material.

Sem você perceber, a bebida

Se você está bebendo demais, e bebendo cada vez mais, aumentando sempre a sua necessidade de tomar uma bebida, muitas vezes por compulsão (sem estar querendo de fato), então, pelo amor de Deus e pelo amor de si mesmo, PARE e reconheça que é uma pessoa alcoolista. Não existe limite nem escolha para o alcoolismo se infiltrar e dominar a pessoa. Pobres e ricos, jovens e idosos, brancos e pretos, sábios, doutores, religiosos, bispos, pastores, professores, grandes empresários e famosos políticos, ou pessoas comuns, operários, comerciários ou bancários, ninguém escapa do terrível MAL do alcoolismo.

Não tenha vergonha de se sentir um alcoolista. Tenha vergonha, isto sim, de seu suicídio lento, de estar se prejudicando e a toda a sua família e de estar fugindo de uma vida real num mundo real, fugindo da vida. Isso é ser covarde! E você não tem culpa de estar com essa doença.

Por que se envergonhar de ser doente? Alguém tem vergonha de ter câncer, ou diabetes, ou úlcera? Estar doente é contingência da vida; aconteceu com você, e temos que aceitar e LUTAR para que a doença não nos destrua. Enfrentemos os demônios que nos fazem beber, cair em casa ou na rua, desmaiar em vez de dormir, não nos lembrar de nada no dia seguinte, querer conquistar bêbado a esposa do melhor amigo, bater na mulher ou nos filhos, brigar, gritar de horror sem saber sequer que estamos gritando etc.

Enfrentemos nossa doença. Reconheça:

"Acho que sou uma pessoa alcoólatra e não tenho mais domínio sobre a bebida. Pelo contrário, a bebida me domina totalmente, não posso viver sem ela (ou penso que não posso). Se eu não tomo nenhum trago, tudo bem. Mas se começo com apenas UM GOLE, esse primeiro me leva a outro, a outro... até eu não aguentar mais. Não consigo beber normalmente, numa festa ou em casa. Tenho sempre que encher a cara! Um vexame e uma vergonha para mim mesmo e para toda a minha família. E somente conseguirei viver em paz e sem beber nada se reconhecer que sou alcoolista. Isso é fundamental. Tenho que reconhecer que já desenvolvi a doença da bebida e tenho que QUERER parar de beber. Porque, se eu não quiser, ninguém, nem Deus, poderá me ajudar! Existem os grupos de Alcoólicos Anônimos (AA), maravilhosos locais de paz e alegria, onde ninguém condena, todos se aceitam, todos toleram os mesmos problemas e por isso entendem e são pacientes e muito bondosos. Não o julgam uma má pessoa – apenas uma pessoa doente! E posso aprender a conviver com minha doença incurável, apenas sem tomar mais nada de bebida alcoólica, evitar sempre o primeiro GOLE."

Nos AA existe a regra básica dos doze passos para se seguir, todos de beleza indescritível. Os grupos de Alcoólicos Anônimos não exigem nada para frequentar. O único requisito é que a pessoa QUEIRA parar de beber.

A frequência é democrática e variada em etnia, sexo e nível sociocultural. Há até muita gente importante que assiste às reuniões informais: gente que preferiu continuar vivendo dignamente sem a bebida a morrer vergonhosamente como alcoolista ativo na diabólica bebida.

Em todo o mundo existem grupos de AA. Para renascer como GENTE.

Não ser triste muito tempo

A sua, a minha, a nossa tristeza é uma escuridão. Toda melancolia é um estado de espírito nas trevas, de vários tipos e espécies. Ficamos tristes por inúmeros motivos que nos derrubam na escuridão.

Mas a luz de Deus, se quisermos, desfaz esse escuro negativismo. Se entregamos ao poder mais Alto a nossa tristeza e pedimos: "Oh, Senhor, me livre deste estado emocional, me liberte, não adianta e não quero ficar triste. Ajude-me, Senhor".

Então, Deus Pai acenderá a luz nas suas trevas sentimentais, e um fulguroso brilho infalível clareará a sua mente, fazendo a tristeza desaparecer. Tudo será somente LUZ, o magnífico e alegre fulgor do Reino de LUZ, amor e paz.

Em toda e qualquer circunstância, suplique a LUZ de Deus e não entre na escuridão. Nem na dor, na doença ou na morte. Existe sempre um motivo para agradecermos a Deus e não cairmos na melancolia.

A oração não deve ser o início. Terá que ser o complemento de sua vida, uma vida regrada, correta, generosa, simples (mesmo sendo rica), amiga, de ajuda aos necessitados, consoladora, de perdão, tolerante, trabalhadora.

Quem não viver corretamente, então, nem precisa rezar, porque não valerá nada a sua oração. A prece dos ímpios, errados, materialistas, viciados no engano, na corrupção, maldosos, gananciosos, muito egoístas, adúlteros, promíscuos, apegados ao dinheiro e ambiciosos de fama e poder, esses não terão suas orações atendidas, jamais...

Nos tempos de Cristo, os fariseus eram meticulosos quanto à limpeza cerimonial. Suas regras de rituais eram extremamente pesadas. Tinham o espírito preocupado com o templo, restrições litúrgicas e o temor de contaminação exterior. Mas não percebiam a mancha que o egoísmo, a ganância, a agressão e a malícia comunicavam à alma.

Jesus não menciona essa pureza cerimonial externa como condição para entrar em seu reino, mas indica a necessidade da PUREZA DE CORAÇÃO.

Viva corretamente, seja normal e bom. Depois, como complemento, faça suas orações, meditações e preces. E agradeça mais a Deus, em vez de pedir alguma coisa. Porque, é certo, você terá muita coisa para agradecer e nem precisa pedir nada a Deus, que dá de sobra aos que seguem os seus preceitos. Deus ama todos, mas, é claro, tem preferência pelos "mansos e humildes de coração", pelos que renasceram no espírito e se tornaram crianças novamente. Uma mente mais infantil tem o apoio e a proteção de Deus.

A lei do carma

Muito se tem escrito e discutido sobre o carma ou a lei da compensação. E muita gente tem o carma como uma espada que se abate sobre nossos erros e pecados. Pensam que só existe o carma negativo.

Carma, no entanto, é um termo budista que significa "a consequência natural pela ação ou pelo trabalho feito". Pelas boas ações ou obras, a recompensa. Pelas más ações ou obras destrutivas, a "lição cármica", nunca o castigo. Porque Deus e a natureza não detêm, nem castigam, ensinam apenas. Isso significa que, se uma pessoa permanece no erro, segue sofrendo até aprender a lição e deixar o erro. Por outro lado, se essa pessoa atingir uma evolução espiritual grandiosa, anulará os efeitos cármicos e não terá mais nenhuma aflição ou circunstância negativa na vida. Porque a evolução adquirida torna inútil uma experiência para seu desenvolvimento ou sua evolução. Sua vida será harmoniosa e cheia de Paz.

"A lei superior do Espírito domina todas as leis inferiores dos planos físico e mental", diz Emmet Fox. "A lei do carma, que não respeita pessoas e não esquece nada, é na verdade apenas uma lei que rege a matéria e a mente, e não o espírito. Em nosso Espírito, tudo é perfeito e eterno, o bem é inalterável. Não existe nenhum mau carma a ser colhido, porque nenhum pode ser semeado (no espírito). Assim, quando o homem, por meio de arrependimento, oração e meditação, transfere sua atenção para o domínio interior do Espírito, coloca-se sob a lei do perfeito bem, e o carma não mais precisa existir."

O carma só é inexorável quando não nos arrependemos e não cessamos o erro, quando não rezamos nem evoluímos espiritualmente, quando não estamos conscientes de que somos Espíritos, e não matéria!

Diz ainda Emmet Fox: "Podemos escolher entre o carma e Cristo". Esta foi a melhor notícia que a humanidade já recebeu: o Evangelho ou a boa notícia. É a carta de libertação do ser humano.

O seu domínio sobre todas as coisas, por ter sido criado à imagem e semelhança de Deus. Podemos escolher! Podemos permanecer na região limitada da mente e da matéria – e, nesse caso, amarrados à roda do carma. Ou podemos nos livrar, apelando para o Reino do Espírito através de Jesus Cristo, pelo arrependimento, pelas novas ações corretas e pela oração constante.

Podemos escolher entre Cristo e o carma, e Jesus Cristo é o senhor do carma.

É realmente maravilhoso esse ensinamento. Temos a chance de fazer a maior das escolhas: Cristo ou carma. É a redenção, aqui e agora, nesta vida, a possibilidade de resgatar todos os erros, abusos e transgressões cometidos contra nós mesmos e contra os outros. É maravilhoso "renascer", a nova vida baseada no espírito, a nova oportunidade para sermos livres e felizes para sempre.

*

Somos livres NÃO pelo que possuímos, mas por aquilo a que renunciamos.

O que possuímos nos PRENDE, e aquilo a que renunciamos nos liberta.

*

"O verdadeiro vencedor não é aquele orgulhoso que pensa estar sempre certo, mas o que reconhece que errou e está disposto a mudar!", diz Mark Twain.

*

Examine-se primeiro, antes de criticar, condenar ou apontar um erro de alguém. Veja primeiro os seus erros e defeitos, para depois julgar ou culpar os outros. E nunca mais reclame de nada, nem de ninguém.

*

Ninguém respeita a lei de causa e efeito para pedir perdão a Deus pelos seus erros. Como pode esperar perdão de Deus uma pessoa que não perdoa a ninguém? Como pode ser perdoada do Alto uma pessoa que nem sequer tem tolerância? Ou boa vontade com ninguém, que não ajuda nem pensa em ajudar o seu próximo? Deu para entender?

Parar de fumar? Para quê?

Para a maioria das pessoas, a tentativa de parar de fumar termina em fracasso. É sempre muito difícil deixar um vício que já corroeu nosso organismo, a ponto de influenciar até nosso comportamento social e familiar.

Mas existe uma solução. Para as coisas erradas deste mundo sempre existe uma maneira de corrigir, nem sempre dependendo da VONTADE ou da força de vontade, do querer... acima de tudo. Muitas e muitas vezes, a força de vontade (ou a responsabilidade, como dizem alguns) até atrapalha.

Quanto mais uma pessoa deseja parar de fumar, tanto mais sente dificuldade de parar. Para minha filosofia, fumar um cigarro é apenas um ato externo e físico, de sugar e expelir a fumaça. Sugar e expelir a fumaça, nada mais.

Mas, então, vem o ato de tragar, de mandar fumaça (sempre cheia de venenos, como a terrível nicotina) para dentro dos pulmões.

Ora, nossos pulmões precisam de bons nutrientes para ajudar em nossa saúde – e não de fumaça venenosa.

Parar de repente, depois de refletir mil argumentos contra o ato de fumar, todos os dias. Nunca aos poucos, porque senão a pessoa não para nunca, vai adiando sempre.

Parar de repente, aí a força de vontade ajuda bastante. Mas a inteligência da pessoa ajuda mais ainda. Como pode alguém que tem pelo menos um pouco de raciocínio ou massa pensante permitir encher de fumaça pulmões que precisam do AR mais puro possível? E ainda gastar um bom dinheiro para isso! Será lógico, ou inteligência, ou evolução pessoal como gente? Acredito que não.

Mas sem usar a tal "força de vontade" nem a "responsabilidade", o melhor mesmo, na opinião de muita gente que já passou por isso, é parar de uma vez, seja como for... e SUMIR da frente de um simples cigarro apagado. SUMIR... sair correndo da frente de qualquer tipo de FUMO, seja um maço cheio ou aberto, seja uma oferta generosa de um amigo. Amigo?

É FUGIR, evitar, sair de perto, mudar de assunto, mudar de ambiente, sumir da presença diabólica (mas falsa, fingida, sutil e maliciosa) de um CIGARRO.

Não existe remédio melhor do que parar de repente. Eu juro, em nome de meu saudoso pai, que morreu por causa do vício de fumar. Triste memória esta, mas a aproveito para alertar os meus queridos leitores.

*

ESTATÍSTICAS. Condenada na Flórida, Estados Unidos, a indústria do cigarro pode ser obrigada a indenizar quinhentas mil pessoas que fumavam e adoeceram. Meio milhão de pessoas numa só época, num só estado americano.

No ano 2000, as famosas e riquíssimas empresas Philip Morris, British American Tobacco e R.J. Reynolds, entre outras, foram acusadas e culpadas por danos à saúde das pessoas.

O tribunal também reconheceu, oficialmente, que fumar provoca vinte doenças, incluindo câncer, doenças cardíacas, complicações sérias na gravidez etc.

Fumaça lucrativa: no ano 2000, o mundo somava mais de 1 bilhão de fumantes; no Brasil, havia 35 milhões.

Quanto ganham as indústrias da morte: US$ 285 bilhões no mundo e US$ 5 bilhões no Brasil, diariamente.

Pagamos muito caro para morrer de uma maneira tão TRISTE, dolorosa não só para os fumantes, mas também para milhões de familiares, parentes e pessoas queridas que não têm nada a ver com o nosso erro. Pessoas inocentes.

Livre-se do sentimento de culpa

O sentimento ou complexo de culpa prejudica as forças vitais. Os erros que você cometeu no passado, pequenas e graves falhas e os comportamentos negativos produzem agora fortes reações de desgosto, ansiedade, descontentamento, remorso, sentimentos de culpa e desconfiança. Todos tendem a consumir as suas forças vitais e a levá-lo para a decadência e a morte.

É sempre muito forte e negativa a ação de nosso subconsciente, que tem o arquivo da memória no porão logo abaixo da nossa sala da mente consciente. E quando o alçapão desse porão se abre para a sala de nossa vida normal, saem cobras e lagartos com as lembranças ruins e péssimas de nosso passado: nossos erros, falhas, grandes fracassos, omissões, orgulho e vaidade, caminhadas que demos na trilha errada, erros de todo tipo, conosco apenas ou levando de roldão toda a família ou entes queridos.

Mas você pode se libertar do passado. Lembre-se sempre de que o que passou, passou, não volta mais. O que você tinha que aprender, já aprendeu; o que tinha que errar, já errou!

Repito, mais uma vez: o que importa não são os dias que você já viveu; importantes são os dias que você ainda vai viver.

Liberte-se do sentimento de culpa. O primeiro passo é esquecer total e decididamente o passado! Pensar no dia de hoje e nos dias futuros que poderão ser muito felizes, se você acreditar no seu poder interior e desejar mesmo se livrar.

Há um novo céu e uma nova terra, um novo mundo, para aqueles que veem a luz, que tomam consciência de que são filhos poderosos: com Deus

Pai, com o Grande Filho de Deus, com todo o Poder Cósmico dentro de si mesmos. E que são únicos senhores de si, donos de seu destino e criadores de seus futuros, não importa o que tenha acontecido até agora!

Não é o mundo que se modifica, apenas nossa compreensão dele.

Quem assume, firme e decidido, nossa Religião Interior vê, ouve, sente e prova a VIDA mais abundantemente, porque aprende a se harmonizar ou sintonizar com muitas forças cósmicas ultrapoderosas: com Deus Pai, com o Grande Mestre Jesus Cristo, a Mãe Santíssima (nossa mãe espiritual), com os Santos Espíritos dos mestres invisíveis, com a grande vida do Universo.

É fantástica a sintonia ou o contato pessoal que podemos fazer com harmonizações cósmicas. Descobrimos que nós próprios, assim ajudados, temos elementos que proporcionam nosso novo céu e nossa terra, um novo mundo maravilhoso conferido pelo próprio interior de cada um. O homem pode criar mentalmente uma NOVA VIDA para si próprio, construir um NOVO MUNDO, no qual ele é o senhor do seu destino e receptor de toda a felicidade, saúde, prosperidade, sucesso, alegria de viver e paz de espírito!

Você terá a alma livre da culpa e da dor, da ansiedade, da depressão e da neurose que consomem suas forças vitais. Terá implantado na alma algo que coisa alguma terrestre pode destruir: a alegria do Reino Espiritual, paz, ânimo, entusiasmo e otimismo que comunicam saúde, luz e amor.

*

A ESPERANÇA é a luz da vida. Basta ter esperança (qualquer tipo de esperança) que o seu futuro será luminoso e feliz, qualquer que seja a situação atual.

A esperança é a última que morre. Nunca perca a esperança, em nenhuma situação, viva alegremente e não deixe o seu ânimo se abater.

Espere sempre pela melhoria em tudo, com otimismo e pensamentos positivos. Depois das fortes tempestades surgem sempre as mais belas flores, que colorem o verdejante vale no novo horizonte de sua vida.

Tenha sempre no coração a fé e a esperança em Deus, que é um Pai que o ama muito, que nunca abandona o filho na aflição e jamais falha quando solicitado pela fé e esperança de qualquer filho.

*

O que parece ser mau, ruim ou um grande problema para você é a manifestação dos erros e maus pensamentos do passado, que estão se apagando.

São nuvens negras que estão passando pelo sol de sua vida, mas já estão se afastando, graças a Deus. E o sol brilhará novamente, formando um maravilhoso arco-íris que colorirá o seu horizonte. Veja o bem, o melhor para você, que existe atrás desse falso aspecto que parece negativo.

O seu passado de erros não voltará jamais, e nenhuma nuvem negra ofuscará mais o seu sol.

Pense sempre que o melhor acontecerá.

*

Quem não reconhece seus erros (ou quando erra) não se arrepende nunca... não pede perdão a Deus e não aprende com as lições de vida apresentadas pelas adversidades; quem não aprende com seus erros sofre a vida inteira!

*

"Muita gente me consultava", diz Carl Jung, "porque não encontrava um sentido para suas vidas; o número de neurose vai aumentando demais."

"O motivo pelo qual alguém se torna NEURÓTICO está tanto no presente como no passado. Só um motivo que surja agora (atual) pode manter viva uma neurose. Se não houver causa presente de uma neurose antiga, a pessoa se cura", diz ainda Carl Jung.

Portanto, a neurose é um fato do presente. Pode ter sido fabricado (na mente) no passado, até longínquo ou desde a infância, mas se não é ativado no presente e a cada vez, jamais se manifestará. Isso nos leva a uma grande esperança: a cura da neurose evitando sua ativação ou repetição consciente. Não havendo causa, cessa o efeito. Basta regular ou programar a vida para novos caminhos.

*

Na verdade, precisamos entender que todos os inimigos estão em nós mesmos, em nosso pensamento. E que todas as coisas que nos acontecem são lições de vida.

Somente assim cresceremos e seremos realmente filhos de Deus!

*

Os milagres podem acontecer e acontecem em resultado da prece com fé. Quando rezar, agradeça a Deus por tudo, acredite e então receberá. Agradeça mais e suplique menos.

*

Deus se abriga em nosso íntimo. E Cristo estará vivo em nós depois que nos voltarmos para ele. Não obstante, ainda há no mundo milhões de pessoas doentes, frustradas, temerosas, ansiosas, deprimidas, fracassadas e pobres pela simples razão de não terem percebido a existência de Deus em seu próprio interior.

Palavras do Senhor

Esqueça o passado, toda uma vida de erros e sofrimentos! Vida nova. SIGA AGORA EM FRENTE, rumo à vitória em todos os sentidos.

Os erros dos outros não são erros meus, por isso sei perdoar e esquecer. Estou em Paz comigo mesmo.

Se você percebe muitos problemas para resolver em sua casa, nunca se desespere nem entre em pânico. Inúmeras outras famílias conseguiram lidar com problemas de saúde e dinheiro, e a sua também conseguirá. Acalme-se e saiba que existe um Deus Invisível que zela por você, que ilumina, orienta e protege sua família. Uma força espiritual boníssima.

Leis para uma nova vida feliz

Não reconhecer nenhum mal. Todos os males são produtos de nossa mente.

Expulse da área mental os pensamentos, ações e palavras negativas:

- **Sou doente...**
- **Sou infeliz...**
- **Estou enrascado...**
- **Não tem jeito mesmo...**
- **Sou inútil...**
- **Não terei esse dinheiro...**

Todo o mal está em nossa mente, e apenas a mente em PAZ com Deus pode resolver ou solucionar um problema. Devemos elevar nosso pensamento para a Paz de Cristo, onde só o amor, o perdão e a bondade existem. Com a Paz de Cristo e o Amor de Deus, tudo já deu certo! Até a pior das doenças ou o maior problema de dinheiro se resolvem, se dissolvem no mar maravilhoso e benevolente do Reino do Espírito, onde não existe nada ruim ou mau. Basta desamarrar as cordas que prendem você. As correntes que o escravizam na mente conturbada. Liberte-se.

Todos nós temos Deus dentro de nós, mas impedimos sua ação; nossa mente humana bloqueia nossa mente espiritual. E o pior é que nossa parte humana e frágil é limitada, fraca, passageira e de curtíssima duração. De que valem setenta ou oitenta anos de vida diante da eternidade?

Tudo que é matéria e humano fica aqui, e nosso corpo é sepultado na terra.

Mas nosso espírito é eterno! Nosso espírito ou Deus Interior é poderoso e ilimitado, forte, infalível e unido ou sintonizado com Deus Pai.

Pela oração, pela meditação, pela fé e pelos bons pensamentos, podemos libertar e colocar em ação a força poderosíssima que temos dentro de nós mesmos: nosso EU verdadeiro, nosso espírito ou Deus Interior.

Muitas doenças que o homem tem são motivadas pela autopunição, isto é, a pessoa acha que está errada ou cometeu um erro e provoca uma doença nela mesma, para pagar o erro que cometeu. Às vezes também porque se julga pecadora, desmerecedora ou até para chamar a atenção.

Nesses casos, a própria pessoa que se castiga é que deve se perdoar, voltar-se para Deus Pai em oração de perdão, arrependimento, e suplicar a sua cura, usando para isso sua mente espiritual, seu EU verdadeiro, seu Deus Interior. E mentalizar com toda a fé e alegria: "Deus já perdoou todos os meus erros. Estou livre, sadio e em paz. Deus me envolve e abraça com Seu amor. Graças, já estou curado!".

E a Paz de Cristo entra no coração da pessoa, e ela não é mais doente. Está salva e feliz, tem agora a paz de espírito, a maior riqueza que uma pessoa pode ter. E tem saúde agora. Poderá levantar-se da cama e será uma pessoa normal, renascida em Cristo.

Sintonize sempre a sua mente e os seus pensamentos na direção do Grande Mestre Jesus Cristo. Aconteça o que acontecer, você estará protegido do medo, do pânico, da doença, dos acidentes, de todo mal. O mundo todo à sua volta poderá estar no caos e em rebuliço; mas, se a sua mente estiver sintonizada com esse Poder, você estará em PAZ, protegido, iluminado e orientado do Alto, das hostes celestiais.

É a maior felicidade do mundo estar com a PAZ no coração e sintonizado ou ligado ao Poder Cósmico de Deus Pai.

Vale mais que todo o dinheiro do mundo, vale mais que todas as famas e glórias desta Terra passageira, vale mais que todas as fortunas e propriedades materiais deste vale de lágrimas.

Você pode ser feliz. Eleve sua consciência para o Amor e a Bondade.

Tanto o bem quanto o mal são produtos de nossa mente, essa é a grande verdade. O paraíso e o inferno são resultados de nossos pensamentos.

Primeiro o pensamento em tudo, depois é que vem a ação, materializando aquele pensamento.

Você quer viver num paraíso ou num inferno aqui na Terra? Depende apenas de você ser feliz e sadio ou doente e infeliz. Qual você prefere? Pense bem. E se desejar ter alegria de viver (não importam as circunstâncias, não importa nada), mude suas atitudes e seus pensamentos.

Os maiores causadores de doenças são, incontestavelmente, os pensamentos de ódio, rancor, mágoa e ressentimento. Causam todo tipo de doença, inclusive o terrível câncer.

O ser humano foi criado perfeito por Deus. E tem suas bases de combate às enfermidades e aos vírus que invadem o corpo. Temos os anticorpos e os poderes imunológicos de cura natural e perfeita. Nossas células se renovam a cada dia, nosso sistema de defesa nem dorme, está atento o tempo todo.

Mas nós provocamos, pela mente errônea, falhas na nossa defesa perfeita e natural. Os nossos sistemas nervosos se atrapalham, a nossa química do organismo se modifica, afeta o nosso metabolismo etc.

Então os vírus e as doenças encontram campo livre para atacar cada vez mais.

E o ódio que uma pessoa nutre na mente, seja pelo que for, tem um poder incrível de causar enfermidades fatais. Milhares de pessoas morrem de câncer maligno fabricado por um ódio no coração, um ódio ou muitos ódios. Um rancor forte, uma raiva enraizada no subconsciente ou uma mágoa persistente na mente.

Os fracassos provocam também graves males. Fracassos no amor, perdas de entes queridos, traições ou infelicidade conjugal, perdas e falências nos negócios, incêndios que consomem bens materiais, traumas por acidentes, prejuízos comerciais e tantos outros.

O que acontece? Simplesmente uma fuga ou um distanciamento, uma fuga da força maior que é Deus. A pessoa se prende, se apega ao drama que sofreu e usa somente a mente humana e fraca, destruindo ou prejudicando o seu próprio sistema de defesa contra as enfermidades. Além disso, abre espaço para vírus, bactérias ou anormalidades funcionais no próprio corpo. Se a pessoa que sofreu um trauma, um drama ou um fracasso não se afastasse da espiritualidade e estivesse sintonizada com Deus por orações diárias e meditações, enfrentaria tudo na Santa Paz de Cristo, com força, calma e dignidade. E superaria toda a (aparente) situação ruim.

Ao mesmo tempo, uma pessoa que não tem no coração nem ódio, rancor, mágoa ou ressentimento, e seu tesouro são os bons pensamentos, não sofrerá nenhuma doença que os maus pensamentos, enraizados, provocam. Nem os vírus e as bactérias a atacarão, porque o seu sistema de defesa do organismo estará perfeito e atento. É tão simples e tão maravilhoso...

Para quem já está doente, por qualquer um dos motivos mencionados, principalmente o ódio e os grandes fracassos, só podemos aconselhar, em nome de Deus, o óbvio: faça um exame de consciência, uma autoanálise. Examine seus erros mentais de pensamento maligno acumulados e enraizados no subconsciente. Não tente se tapear. Seja sincero e pense com calma nos seus erros passados.

Lembre-se: o que contará agora não são os dias já vividos, mas os dias ainda por vir. O que importa, agora, é o futuro... e que ele seja melhor, bem mais feliz.

Depois de examinados os possíveis ódios, ressentimentos por alguém, traumas e fracassos, procure ARREPENDER-SE, perdoando todos e a si mesmo.

E faça preces com fé profunda, pedindo perdão por todos os erros e afirmando (sem mentir) que não guarda mais ódio, nem rancor, nem ressentimentos, nem mágoa de ninguém, nem de si mesmo! Que perdoe todos, do fundo do coração. E, também, que esqueça os traumas, os fracassos do passado, pois o passado já passou e não volta mais.

Em seguida, na mesma prece a Deus, peça perdão por todos os erros e pensamentos maus e negativos. Isso quer dizer: você está perdoando todos e pedindo para si mesmo. É espiritualmente maravilhoso.

Finalmente, fale nessa oração que está arrependido, muito arrependido por todo o passado cheio de erros. Erros de atitudes mental, de pensamentos, palavras e ações profundamente negativos!

Perdoe, esteja arrependido e peça perdão a Deus!

No final da prece, não pode faltar o agradecimento! Agradecer a Deus por tudo e pela cura da doença.

Fale mais ou menos assim, no final dessa prece que é um verdadeiro milagre:

"Oh, bom Deus, meu Pai Espiritual, boníssimo e misericordioso, eu vos agradeço, de alma e coração, ter podido perdoar a todos, ter esquecido o passado e meus erros e ter sido perdoado também por Vós; Senhor, iluminado e orientado agora e para sempre. Eu vos agradeço, Deus Pai, por livrar-me desta doença, por já estar limpo de corpo e de alma, breve ou agora mesmo já sadio e com toda a minha plena saúde. Muito obrigado, Senhor. Eu vou viver os dias que me derdes para viver, com o pensamento sempre voltado para Vós e com a Paz de Cristo no meu coração. Muito obrigado por tudo, eu já estou curado!"

O perdão ao ódio (ou mágoa) que se tem por alguém é válido também para pessoas já falecidas. Muitas doenças têm origem em um grande ressentimento por pai ou mãe já falecido; esse sentimento provoca sérias enfermidades a quem odeia e ainda vive. Também nesse caso é válido o perdão de quem odeia. Perdoar o pai ou a mãe ou qualquer parente já falecido. Perdoar, agradecer e rezar para iluminação espiritual do falecido num mundo melhor.

Muita gente tem se livrado de terríveis doenças perdoando o ódio que mantinha por parentes ou outras pessoas já mortas.

Tem-se que perdoar (com amor), arrepender-se e agradecer a Deus.

É muito melhor perdoar do que odiar uma pessoa, seja quem for.

Quem odeia ou tem raiva sofre muito mais. A própria pessoa odiada às vezes não sente nada e continua a sua vida, indiferente ao ódio que a outra sente.

Mas quem odeia sofre muito, muito mesmo...

Arrepender-se e pedir perdão a Deus tem um grande efeito curativo, em todas as doenças. Agradecer também tem muita força de cura. Agradecer a tudo e a todos. Agradecer as coisas que tem, em vez de reclamar das que não tem.

Agradecer a Deus pela vida, pelas coisas que ama e de que gosta, pela Paz que Cristo nos transmite.

Após arrepender-se de um erro, pequeno ou grave, o importante é não voltar, sem mais nem menos, ao mesmo erro. Isso seria abusar da bondade e da misericórdia de Deus em nos perdoar.

O novo arrependimento e o perdão nos purificam e nos fazem crescer como gente, nos fazem evoluir espiritualmente. Não precisamos ser santos, temos que ser pessoas corretas, direitas, honestas, trabalhadoras, caridosas, simples (mesmo sendo ricas), amorosas e úteis.

O nosso arrependimento sincero nos faz renascer.

E é uma grande felicidade o renascimento, a vida nova, começar a viver de modo mais simples e mais alegre, mais tranquilo e calmo.

É indescritível a alegria de uma pessoa que renasce em espírito e começa uma vida nova, com Deus no coração. Renasça, comece uma vida nova hoje mesmo, não importa a situação em que você esteja; para quem tem profunda fé na ajuda boníssima de Deus, tudo é possível. E Deus não falha, você (se acreditar) pode melhorar totalmente de vida. E ser rico, um milionário material e espiritualmente.

Quando um casal se separa, como pelo divórcio, deve ter cuidado para que um não fique contra o outro. Além do mal que o divórcio já faz normalmente aos filhos do casal, que são as vítimas inocentes dos desacertos dos pais, um ódio recíproco fará mais mal ainda, principalmente na saúde do casal.

O melhor, nesses casos, é esquecer o passado, perdoar os erros de cada um e partir para uma vida nova, sem mágoas nem ressentimentos. Nós somos o que pensamos. Vamos pensar só o bem. Vida nova.

“É indescritível
a alegria de
uma pessoa
que renasce
em espírito e
começa uma vida
nova, com Deus
no coração.”

Oração inspirada de madrugada

Por Raja Marausha

Inspirada numa noite fria, de cama, recém-operado. (Para ser usada por todos como ajuda interior.)

"**Não terei mais medo nenhum**. Nem raiva, rancor, ressentimento, revide, revanche, vingança, preocupação com coisa alguma. Sinto o Espírito de Cristo dentro de mim. Eu procuro a oração, e tudo fica bom para mim, não importam circunstâncias, problemas ou aflições. Enfrento doença e dor com naturalidade, sem pânico ou temor, nem terror ou neurose.

Para mim não existe mais aflição, nem emoção forte e negativa. Agora eu já tenho o ESCUDO PROTETOR que me forneceu o REINO de LUZ. Tenho o tesouro riquíssimo da PAZ DE ESPÍRITO.

Em tudo minha ação é pelo sentimento, não pela emoção.

Tenho ajuda individual de JESUS, pela Glória do Reino de Luz. O PASSADO já passou e jamais voltará. Graças a Deus.

Penso agora no HOJE, no aqui e agora boníssimo e em PAZ e no amanhã pleno de vitórias e realizações.

RENUNCIO a todo mal e a todas as ilusões do mundo. RENUNCIO a todos os maus espíritos que nos prendem aos erros do passado. Sumam, em nome de Deus.

Gosto do que tenho sem sonhar com o que não posso possuir, porque sonhar é uma ilusão. Planejar é bom.

Passou agora, depois de muito sofrimento, o meu REINO DO NADA: finalmente estou salvo, lavado pelo sangue purificador de compaixão do Mestre traído na Cruz.

Nenhum rancor, nenhuma lembrança destrutiva, nenhum medo nem recordação negativa, liberto (desamarrado, desapegado) do passado ruim. Não mais MÃOS FRIAS que indicam o mal em nossa alma e nosso corpo. Agora eu gosto de todo mundo, e todo mundo gosta de mim. EU SEI... todos nós temos o REINO DE DEUS dentro de nós, em nossos corações (sem exceção, nem de cor, nem de raça, nem de poder). É madrugada na alma, mas eu espero que o sol venha, com a LUZ da vida maravilhosa."

O desvio constante da energia mental para fins negativos, abusivos ou destrutivos (de qualquer espécie) é a maior causa de doenças no ser humano! Não pode haver desvio algum ou vazamento da energia mental de vida, da essência espiritual. Desvios como pessimismo, pensamentos e ações errados, negativismo, raivas, mágoas, ressentimentos, ambições, vaidades, orgulho, omissões, ciúmes, fraudes etc.

O pensamento tem força criadora. E o pensamento negativo é um vazamento grave da energia mental. E causa uma série de doenças, desde simples gripe até o grave câncer.

Tente ser uma pessoa livre, absolutamente LIVRE.

Despojar-se de todo o apego material, do sentido de posse exclusiva de uma pessoa, de um bem, de uma propriedade, de uma fortuna. Então, assim despojado e livre, a Paz de Cristo inundará o coração.

Muito importante

Você deseja realmente renascer? Deseja ter uma VIDA NOVA, cheia de luz, amor e paz? Quer esquecer o passado de erros que viveu até agora?

Leia então este trecho do maravilhoso livro *Imitação de Cristo*, que Tomás de Kempis escreveu em 1440:

"Deteste e esqueça o seu passado, arrependa-se pelas faltas de cada dia que você cometeu. Gema e chore por ter sido tão carnal e mundano, tão fraco em seus afetos, tão pouco recatado nos sentidos, tão embaraçado com muitas vãs imaginações, tão inclinado às coisas exteriores, tão negligente nas interiores, tão dado ao riso fútil e às diversões, tão insensível às lágrimas, tão omisso na ajuda aos outros, tão indolente para as coisas sérias e o trabalho nobre, tão curioso e apaixonado por pessoas bonitas, tão a fim de ter muitas posses desnecessárias, tão remisso em abraçar os humildes e simples, tão cobiçoso de possuir muito, tão fraco em dar e ganancioso em receber, tão precipitado nas más ações e na fuga das palavras de Deus, tão atento às frivolidades, tão presto para as corridas e correrias e preocupações da vida, tão distraído mas inclinado à raiva, tão rico em reclamações e ofensas, mas tão pobre em elogios e agradar aos outros, tão precipitado em julgar errado, tão severo em repreender, tão alegre na prosperidade mas abatido e confuso na adversidade, tão fecundo em prometer mas tão estéril em cumprir o prometido, tão nulo em boas obras."

Você sentiu a sua fraqueza como ser humano. Faça o firme propósito de corrigir a sua vida e melhorar sempre, seguindo agora uma trilha mais espiritual do que material. Atente-se e aproveite, para seu próprio bem, estas palavras de Jesus: "Se a pessoa fizer bem o que está em suas mãos e se arrepender, verdadeiramente, quantas vezes vier a mim para pedir perdão e graça, por minha vida (diz o Senhor), eu não quero a morte do pecador, mas que se converta e viva. Não me lembrarei mais de seus erros e suas falhas, por mais de mil que forem, mas todos lhe serão perdoados".

Não concentre a sua mente naquilo que você NÃO deseja! Não fique pensando que está doente. Uma doença só se cura quando nos esquecemos dela!

Se você deseja ser feliz, concentre a sua mente apenas na felicidade! A mente é criadora, o seu pensamento tem forte força criadora! Pense só no melhor.

Agradeça, a todo momento, a Deus pelas coisas boas de sua vida, por estar vivo e feliz, não importam as circunstâncias. Seu organismo, seu corpo, tem um sistema de defesa criado por Deus. E essa sua defesa interior pode curar toda doença sua, qualquer doença! Basta que você acredite no poder de Deus dentro de você, pronto para curá-lo e torná-lo FELIZ!

*

O casal Stephanie e Carl Simonton e James Creighton, médicos do famoso Hospital do Câncer em Dallas, no Texas (Estados Unidos), descobriu uma base científica para a vontade de viver. Eles afirmam que a reação negativa de alguém ao estresse, à ansiedade, à depressão e ao desânimo, que acontece com todo mundo, e também a reação negativa e pessimista a outros fatores emocionais podem contribuir para o início e a progressão de um câncer!

E que as expectativas positivas e otimistas, o cuidado e o querer bem a si mesmo podem contribuir para o controle e até para a cura da doença.

A filosofia desses médicos de Dallas é a de que somos todos responsáveis por nossa própria saúde e doença: e participamos, consciente ou inconscientemente, da preservação de nossa saúde física, emocional e espiritual.

Nossa Filosofia da Esperança afirma sempre que somos seres emocionais, temos a emoção em tudo que fazemos: no trabalho, no estudo, em casa, no amor... em tudo. E, se não dominarmos nossas emoções, elas nos dominarão e seremos escravos delas.

O interior e o exterior

A filosofia nos ensina qual é a natureza de Deus e qual é a nossa própria natureza. E mostra-nos por que cometemos erros, por que cedemos à tentação, por que ficamos doentes, pobres e velhos. E, mais importante de tudo, nos diz como todos esses males podem ser vencidos, e como podemos trazer realização às nossas vidas e às dos outros.

Ensina que só somos punidos por causa de nossos próprios erros. Mas toda pessoa, não importa quão mergulhada no erro, no mal e na sujeira, tem acesso direto a um Deus Pai todo amoroso, todo-

-poderoso, que a perdoará e lhe dará sua própria força para ajudá-la a encontrar-se novamente.

O importante são as atitudes interiores, dos sentimentos e do coração cheio de amor e de ajuda aos outros. Quando o espírito é correto, os detalhes cuidarão de si mesmos.

Não entregue o seu ouro!

Geralmente quando um cônjuge é traído, ou trocado por outra pessoa, a primeira coisa que se pensa é em vingança! Quando a pessoa percebe (ou descobre) a traição, se julga pisada, ultrajada, desonrada e humilhada. Na verdade, a desonra está em quem pratica, nunca na vítima. Faltam honestidade e integridade a quem trai, e não a quem é traído.

Além disso, a pessoa enganada logo passa a sentir o grave problema, quando deveria, antes de tudo, compreendê-lo.

Por que aconteceu isso? Por que acontece? Tirar lições, proveitos, talvez seja uma lição a aprender, talvez a culpada seja a vítima (por ter provocado, de alguma forma, a procura de outra pessoa). Deve-se procurar compreender, nunca sentir. "Não são erros meus, por isso sei perdoar e esquecer que cada um dá conta de si. Nada me fere nem magoa, porque todos os meus inimigos estão dentro de mim mesmo e são ilusões da mente, não existem! Somente o amor existe de fato. E do amor vêm a união com Deus e a paz no coração."

Mais uma coisa a considerar: a pessoa que tiver esse problema deve lutar pela recuperação do amor perdido, que nem sempre está perdido. Pode ser uma aventura tola ou uma fuga, e não uma traição. Portanto, lutar para retomar seu lugar no coração ferido do outro, porque (na certa) quem procura outro amor está ferido, cansado, querendo ser amado em paz e alegria.

Os 15 itens da purificação para melhorar toda a sua vida

1. **TOLERÂNCIA**. Aceitação pacífica.

2. Não **RECLAMAR** de nada.
   Mesmo tendo razão.

3. Nunca **OFENDER** ninguém.

4. **ELOGIAR** o máximo que puder. Sentir o BOM nas pessoas, não os seus erros.

5. **AJUDAR** os outros, de todas as maneiras, com alegria e prazer.

6. **AGRADECER** por tudo, a Deus e às pessoas. Sempre.

7. **PERDOAR** a si mesmo, por todos os seus erros passados. E esquecer, o passado já passou.

8. **PERDOAR** sempre, os outros, tudo.

9. **PEDIR PERDÃO A TODOS**, inclusive parentes e amigos já falecidos (principalmente pai e mãe).

10. Não guardar **MÁGOA** nem **RESSENTIMENTO** de ninguém. Atrair a PAZ.

11. Dar **GRAÇAS A DEUS** por tudo que tem. Por estar vivo.

12. Não ser **NEGATIVO EM NADA.** Só pensar, agir e sentir positivo. Esperar sempre pelo melhor. O semelhante atrai o semelhante.

13. Não **DESEJAR** nada fútil, nem desnecessário.

14. Fazer tudo com **AMOR, BONDADE** e **ALEGRIA.**

15. Manter um **CONTATO**, todos os dias, de sintonia ou ligação com o Reino de Luz, Amor e Paz. Numa **MEDITAÇÃO**, oração ou simples conversa íntima e sincera com Deus Pai.

Christum Pax

Deus é PAI, eu sou de Deus o filho. Sou filho ou filha de Deus legítimo e criado à semelhança do Pai.

Tenho dentro de mim todos os maravilhosos poderes de Deus Pai e sou grande amigo do muito elevado espírito de JESUS, que foi tão injustiçado QUANDO VEIO NOS ENSINAR O AMOR...

Mas o Espírito Santo de Cristo permanece entre nós até hoje e permanecerá para sempre. Ele não precisa voltar mais, porque ele já veio para nós junto e gerado pela Mãe Santíssima, que é também um espírito muito elevado, santo, puro, amigo, boníssimo. Eu sei que sou um simples ser humano cheio de erros e falhas, de orgulho e vaidade e tantas ganâncias e apegos às coisas materiais da Terra.

Sou errado, sei disso. Vivo numa sociedade e num mundo que estão degradados e deturpados.

Mas eu me penitencio e me arrependo de tudo que fiz e que não foi correto e digno.

Peço perdão a Deus Pai.

Acredito, confio e tenho fé de que sou perdoado (ou perdoada). Não importa que eu tenha cometido muitas perversidades, maldades, faltas. Que eu tenha roubado, ou prejudicado, e até cometido crimes, meu Deus... Eu sei, acredito na bondade de todos os Santos Espíritos e tenho FÉ profunda que do Alto me ouvirão desde que eu me arrependa amargamente do que fiz e nunca mais o faça...

Sinceramente, eu quero mudar totalmente minha vida... Arrependo-me e sou perdoado. E começo um renascer puro sintonizado no Alto, ligado ao REINO DE LUZ, de AMOR e PAZ...

DEUS me dá essa oportunidade. Tenho agora uma nova opinião de mim mesmo. Vida nova, renascida, com novas ações e atitudes. Maravilhosa. Mais forte, mais firme, evoluída e crescida como gente... Eu sou EU, e ninguém pode viver para mim a minha própria vida.

Vou me habituar a pensar positivo. Imaginar somente o positivo e bom... E esperar pelo MELHOR acontecendo, e o melhor sempre acontecerá. Vou ampliar cada vez mais as fronteiras de minha beleza interior, tão rica... Quero ser orientado pelo meu espírito.

O meu espírito é que deverá reger agora toda a minha orquestra.

Receberei do Alto Cósmico, de Deus, toda iluminação. Serei orientado pela bondade superior dos mestres e Santos Espíritos. E protegido em tudo que fizer pela ação espiritual boníssima da Mãe Santíssima.

(Existirão, no mundo, proteções melhores?)

O exterior, as coisas do mundo, visíveis, não valem quase nada. Nossa riqueza está em nosso interior, o tesouro verdadeiro, em NOSSO CORAÇÃO...

Afastam-se de mim, agora, todos os inimigos, os demônios, doenças, os medos e preocupações tolas. Porque eu acredito que tenho um fortíssimo ESCUDO PROTETOR que dinheiro nenhum no mundo pode comprar, nem iludir ou vencer.

Eu tenho o forte e invencível ESCUDO PROTETOR do Reino de Luz que me salva de todos, todos... os males e erros graves do mundo.

Nada de mal me atinge. Ofensas são meras palavras, e não as aceito. Agora eu estou em outra dimensão, mais alta e evoluída, mais forte.

Agora eu vivo num mundo mais espiritual, totalmente diferente deste mundo comum terreno, cheio de erros, ilusões e falsidades.

O meu mundo novo vai muito além da imaginação e nem pode ser explicado. É uma vida maravilhosa, feliz e alegre, positiva e otimista, de paz – e não importa nada adverso... Porque eu vejo tudo agora com uma ótica e cor diferentes. Vivo o dia todo, sintonizado e ligado, dirigido por um Poder Superior.

Penso que, afinal de contas, tudo vai, agora, dar certo. Ou melhor, TUDO JÁ ESTÁ DANDO CERTO...

Esqueço o meu passado e começo a ser muito feliz... Ajudado (ou ajudada) por DEUS, porque sozinho não consigo nada... Eu vou afastando os fantasmas da memória subconsciente, onde estão arquivados todos os erros passados, cometidos por mim.

Não vou sofrer mais pelos erros que os outros cometeram comigo. O passado já passou definitivamente e não volta. O presente (bom) eu vivo hoje, e o futuro ainda viverei... Chega de sofrer! Chega... Sou agora uma nova criatura que está ligada a Deus Pai.

Agradeço todos os dias ao Poder Cósmico de Deus, ao Reino de Luz, Amor e Paz, aos mestres invisíveis e santos por terem levado para longe todo o mau passado negativo. Acabou. Estou livre e feliz porque agora eu sei que é muito fácil, facílimo, ser LIVRE E FELIZ.

Deixo esta vida enganosa e confusa de todo mundo e me isolo, cheio de espírito vivo, no meu mundo particular. Eu vivo aqui nesta Terra, mas meu mundo verdadeiro não é aqui, é muito melhor. Aqui estou isolado ou exilado aprendendo os testes Cósmicos e usando um corpo emprestado que não é meu EU verdadeiro.

Final

Encontrei, portanto, a chave do tesouro da vida! Deus é o pai

Eu sou de Deus o filho.

Fiz-me ser humano nesta vida terrena, mas sou um ser

Eterno, Espiritual e Poderoso.

Este meu corpo me foi emprestado e tenho que tratar muito bem dele.

Mas não sou EU

EU sou ESPÍRITO, PERFEITO e MARAVILHOSO.

Eu sou a imagem de Deus. Gosto de mim, gosto muito! E assim é.

O meu dia especial

Escolha um dia qualquer da semana para seu "dia especial". Nesse dia, com a ajuda de Deus, procure ser o mais positivo e otimista possível. Ajude os outros, não perca a calma, nem pense nada negativo. Aceite tudo com tolerância e amor e não reclame de nada nem de ninguém. Perdoe e agradeça tudo! Evite brigas e discussões. Se for preciso, reze e mentalize *Christum Pax* (a Paz de Cristo), para evitar tudo que não é bom. Nesse dia, seja positivo e espiritualista. Espere sempre pelo melhor, em tudo.

Com o passar do tempo, daqui a poucos meses, você estará transformado numa pessoa maravilhosa – de ação e poder mental positivo!

Este livrinho é individual. Devido às vibrações pessoais de cada um, não se deve emprestá-lo. Se estiver muito usado pelo dono, recomenda-se comprar um novo – mas os dois continuam sendo muito pessoais, de uso exclusivo!

“Quem busca a força no seu Deus Interior será sempre vitorioso.”

Raja Marausha

Temas diferentes para um mesmo fim:

UMA VIDA MELHOR, MUITO MELHOR...

Seja o máximo que você pode ser!

Raja Marausha, filósofo, humanista, escritor, criador da Filosofia da Esperança. Estudioso do comportamento humano que, através dos seus sábios conhecimentos, ensina o poder mágico da mente positiva para melhorar a vida dos seus leitores, sintonizando-se com o poder divino. Nasceu em 13 de abril de 1930.

Gratidão

**Quem dá recebe cada vez mais.
E aquele que é agradecido
a um bem recebido terá uma
avalanche de bens a vida toda.
Demonstre sua GRATIDÃO pelos
inúmeros benefícios da leitura
destes SALMOS, oferecendo aos
amigos, parentes e colegas tantos
exemplares quantos você puder.
Assim, levará a outros
o bem que você também recebeu.**

CITADEL
Grupo Editorial
Livros para mudar o mundo. O seu mundo.

Para conhecer os nossos próximos lançamentos e títulos disponíveis, acesse:

www.**citadel**.com.br

/citadeleditora

@citadeleditora

@citadeleditora

Citadel – Grupo Editorial

Para mais informações ou dúvidas sobre a obra, entre em contato conosco por e-mail:

contato@**citadel**.com.br